U0572424

TIYU JIAOXUE GAIGE
CHUANGXIN YU XUNLIAN SHIJIAN YANJIU

体育教学改革
创新与训练实践研究

张晓川　高健　任翔◎著

辽宁人民出版社

© 张晓川　高　健　任　翔　2023

图书在版编目（CIP）数据

体育教学改革创新与训练实践研究／张晓川，高健，任翔著. —沈阳：辽宁人民出版社，2023.5
ISBN 978-7-205-10753-6

Ⅰ.①体… Ⅱ.①张… ②高… ③任… Ⅲ.①体育教学–教学改革–研究–高等学校 Ⅳ.①G807.4

中国国家版本馆 CIP 数据核字（2023）第 068322 号

出版发行：辽宁人民出版社
　　　　　地址：沈阳市和平区十一纬路 25 号　邮编：110003
　　　　　电话：024-23284321（邮　购）　　024-23284324（发行部）
　　　　　传真：024-23284191（发行部）　　024-23284304（办公室）
　　　　　http://www.lnpph.com.cn
印　　刷：辽宁新华印务有限公司
幅面尺寸：170mm× 240mm
印　　张：14.5
字　　数：256 千字
出版时间：2023 年 5 月第 1 版
印刷时间：2023 年 5 月第 1 次印刷
责任编辑：陈　兴　郭　健
封面设计：琦　琦
版式设计：李志新
责任校对：吴艳杰
书　　号：ISBN 978-7-205-10753-6

定　　价：86.00 元

前　言

　　高校体育教学是以身体练习为基本手段，将身体练习和思维活动相结合，在教师的指导下，学生掌握体育与健康的知识、技能与方法，身心得到健康和谐的发展。近年来，随着高校体育教学改革的不断深入，高校体育教学理论和实践体系的研究日益活跃，在高校体育教学过程中，体育教学和训练的协调发展，具有十分重要的意义。

　　基于此，本书以"体育教学改革创新与训练实践研究"为题，在内容编排上共设置六章：第一章作为本书论述的基础，阐述体育教学的目标与规律、体育教学的原则与过程、体育教学的特征与内容；第二章探索体育教学中的模式改革与创新；第三章研究体育教学方法及其重要性、体育教学方法的基本类型、体育教学方法的体系、体育教学方法的优化等；第四章探索体育运动训练原理及其发展、体育运动训练计划的制定、体育运动科学化训练的策略、体育运动的素质训练实践分析；第五章分析体育教学中不同运动项目的训练实践，内容包括篮球运动的训练实践、足球运动的训练实践、羽毛球运动的训练实践、乒乓球运动的训练实践；第六章探讨体育教学中拓展训练的开展与实践，内容涵盖拓展训练对体育教学的影响、体育教学中开展拓展训练的重要性与基本理论、体育教学中开展拓展训练的特点与模式、体育教学中开展拓展训练的路径探索。

　　本书有三大特色：一是将理论与实践相结合，力求做到理论精练、实践性强，满足广大体育教学工作者的教学需求；二是注重章节之间的逻辑性、连贯性等，从而确保体育教学与训练实践的完整性和系统性；三是涵盖的内容全面，有助于教育工作者更好地理解与应用。

本书的撰写得到了许多专家学者的帮助和指导，在此表示诚挚的谢意。张晓川完成本书第二章、第五章编写；高健完成本书第一章编写；任翔完成本书第三章编写；刘益玮、曲帅达、刘德林、张骊完成本书第四章、第六章编写。由于笔者水平有限，加之时间仓促，书中所涉及的内容难免有疏漏与不严谨之处，希望各位同行、专家、教师批评指正，并提出宝贵意见。

张晓川　高健　任翔

2022 年 12 月

目　　录

第一章 体育教学概论

第一节 体育教学的目标与规律

一、体育教学的目标阐释

"教学目标是指教学活动实施的方向和结果,是一切教学活动的立足点与归宿。"[①] 体育教学目标来源于体育课程目标,是学生学习结果或学习活动应达到的预期标准。体育教学目标是指体育教学活动主体预先确定的、在具体体育教学活动中所要达到的、利用现有技术手段可以测量的教学结果。

(一) 体育教学目标的结构要素

1. 体育教学目标的外部结构

体育教学目标的外部结构,就是不属于体育教学目标内容以内的,但规定着体育教学目标内容的特点与标志等。具体而言,体育教学目标外部结构的特征主要如下。

(1) 体育教学目标的层次

体育教学目标是有层次结构的,而且不同的层次结构在功能方面是有一定差异的。此外,体育教学目标的层次结构又有横向与纵向之分。

体育教学目标的横向层次。体育教学目标的横向层次,从实质上来说反映了各种具体的体育教学目标之间的关系。具体来看,体育教学目标从横向角度大致可以分为知识与能力目标、过程与方法目标、情感态度与价值观目

[①] 雷涛,黄懿. 从量化角度谈体育教学目标改革 [J]. 体育师友,2015 (3):37.

标。这些方面的目标是相互独立又有一定联系的，对于总体体育教学目标的实现发挥着重要的制约作用。

体育教学目标的纵向层次。体育教学目标的纵向层次，从实质上来说反映了体育教学目标的上下层次关系。具体来看，体育教学目标从纵向角度来说大致可以分为课程教学目标、水平教学目标、学年教学目标、单元教学目标、课时教学目标等。

（2）体育教学目标的着眼点

教学目标都是围绕着需要解决的问题来制订的，"需要解决的问题"便是教学目标的着眼点。只有切实明确了教学目标的着眼点，所制订的教学目标才能更有针对性和可操作性。基于此，在制订体育教学目标时，首先要明确需要解决的教学问题。

2. 体育教学目标的内部结构

在了解了体育教学目标的外部结构后，就可以来了解其内部结构要素了。体育教学目标的内部结构主要包括以下要素。

（1）条件

条件是决定目标难度的因素，在规定目标难度和学习进度时，可以根据目标中条件因素的变化来进行变化。以排球垫球来说，目标"自己抛球后将球垫起"和"接垫同伴隔网抛来的球"在难度上是不同的，而难度不同的原因是垫球的条件不同。

（2）标准

在对目标的难度进行改变时，标准也是一个十分重要的因素。以排球垫球来说，目标"垫出的球要达到 2 m 的高度，并落到本方场地中"和"垫出的球要达到 3 m 的高度，并落到本方场地的前半场"在难度上是不同的，而难度不同的原因是垫球的标准不同。

（3）课题

在对目标的难度进行改变时，课题也是一个十分有效的因素。一般来说，课题是通过改变动作形式（运动课题）来使目标的难度发生改变的。

（二）体育教学目标的主要功能

对体育教学目标的功能进行分析，能够帮助人们更好地了解与掌握体育教学目标，并为体育教学目标的设计提供科学依据。具体而言，体育教学目标的主要功能如下：

1. 定向功能

体育教学目标是对体育教学目的的反映，是体育教学所要达到的效果和方向。体育教师在开展体育教学活动时，必须以体育教学目标为指导。

2. 规范功能

体育教学与其他学科相比，更为复杂，再加上新课程标准对体育教学提出的新要求，使得体育教学的难度进一步加大。一些体育教师在开展体育教学活动的过程中，很可能无法保证体育教学的科学性，继而导致体育教学无法取得理想的效果。要避免这种情况发生，有效的举措便是让体育教师明确体育教学目标的规范作用，切实依据体育教学目标来选择教学内容、实施教学行为等，以确保体育教学的科学性和有效性。

3. 激励功能

在开展体育教学活动时，必须以实现一定的体育教学目标为前提。体育教学目标一旦确定，对体育教师和学生就能产生一定的激励作用。就体育教师来说，体育教学目标一旦确定，教师便会为实现这一目标而全身心地投入到体育教学工作中，并在工作中始终保持较高的热情，从而确保体育教学目标能够实现。就学生来说，体育教学目标一旦确定，会激发其参与体育教学活动的兴趣和积极性，这对于体育教学取得良好的效果具有积极的意义。

4. 评价功能

在体育教学目标的功能构成中，评价功能是一个十分重要的组成部分。所谓体育教学目标的评价功能，就是以体育教学目标为标准来评价体育教学活动的效果。比如，足球课程教学的目标之一是让学生掌握足球运动的相关知识与技能，那么在评价足球教师是否完成了教学活动时，就需要考虑其所教授的学生是否掌握了相关的足球运动知识与技能。

（三）体育教学目标的分类体系

体育教学目标具有多种功能，因而人们从各个角度对体育教学目标进行研究，其中一个角度就是体育教学目标的分类。总的来说，体育教学目标的分类体系是多种多样的。

美国教育心理学家布鲁姆①根据教学目标的分类对象和应遵循的原则，将教学目标分成认知、情感和动作技能三大领域，每一个领域的目标又按由低级到高级分成若干层次。布鲁姆教学目标分类理论，将认知教学目标从低级到高级依次分为知识、领会、应用、分析、综合、评价六个层次；将情感教学目标分为接受、反应、价值的评定、价值的组织、价值或价值系统的性格化五个层次；将动作技能教学目标分成知觉、准备状况、在引导下的反应、机械化动作、复杂的外显反应、适应、创作七个层次。这一体系以外显行为作为教学目标分类的统一基点。

对教学目标进行分类，必须在一个统一的基点上进行，如教学内容、教学对象都可以作为教学目标分类的统一基点。布鲁姆以外显行为作为其分类的基点。从认知领域的教学结果来看，知识的获得可以通过再认、再现等行为表现出来，各种智慧能力与技能的获得都可以通过相应的行为表现出来。布鲁姆的教学目标分类理论具体、可操作，改变了常模参照测验的一贯做法，促成了新教学模式——掌握学习的产生，使教学质量得到大幅度提高。

（四）体育教学目标的设立要求

体育教学目标是体育教学活动的起点和依据，体育教学目标的设立是体育教学的关键。衡量体育教学目标合理与否，就应该看该目标能否发挥其应有的作用。体育教学目标不仅是体育教学活动的预期结果，而且是体育教学活动的调节者。体育教学目标一经确立，就会给体育教学活动以积极的影响。不合理的体育教学目标会使体育教学活动遭受挫折。体育教学目标设立的基

---

① 本杰明·布鲁姆（Benjamin Bloom，1913年2月21日—1999年9月13日），美国当代著名的心理学家、教育家，芝加哥大学教育系教育学教授，曾担任美国教育研究协会会长，是国际教育评价协会评价和课程专家。

本要求包括以下两点：

1. 系统化的要求

体育教学过程是一个复杂的渐进过程，在进行体育教学活动的设计时，必须完成四个方面的任务：①充分分析教学对象；②制订明确的教学目标；③选用恰当的教学方法和手段；④进行有效的教学评价。体育教学目标的设计在这个系统过程中是一个至关重要的要素，居于基础和中心的位置。

2. 具体化的要求

这里说的具体化，是指体育教学目标的表述应力求明确、具体，可以观察和测量，避免用含混不清和不切实际的语言来表达。体育教学目标设计是为了解决教和学要"达成什么"的问题。如果教学目标的表达含混不清，不便于理解、把握，势必会影响"如何教"——教学策略的制订，以及"教得怎么样"——教学评价，就不能较好地发挥教学目标的作用，教学效果也就会大打折扣。

二、体育教学的规律探索

第一，体育教学要遵循与学生身心发展水平相适应的规律。教育和教学必须与学生身心发展水平相适应，这是一条基本规律，体育课也必须遵循这条规律。体育课要促进学生的一般发展和特殊发展，这就要求体育课的目标要定得适当，教学方法、手段等也要适当。要达到这点，就必须了解学生的现有发展水平，针对学生的"最近发展区"，促进其不断发展。

第二，体育教学要遵循学生生理与心理指标起伏变化的规律。在体育课的教学活动过程中，学生生理和心理方面，都承受着不同强度的负荷，会引起一系列生理和心理指标的变化。由于在体育课的教学过程中，学生有各种不同的学习活动方式，如听讲、观察、进行身体练习、帮助同伴以及休息等。这些方式的改变，对学生身心有着不同程度的影响，于是学生机体生理指标和心理指标的变化便易呈现出波浪形，这种高低起伏的变化是体育课教学特有的，是客观存在的，体育课的进行要遵循这个规律，使学生保持合理的生理、心理起伏变化的节奏。

第三，体育教学要遵循感知、思考和实践结合的规律。体育课上学生大部分时间是在从事身体练习，耳、眼等感官直接感知动作，大脑积极思考如何行动，机体去协调做动作。其中，直接感知是基础，思考是核心，实践是归宿。这三个环节是紧密结合的，缺少哪一个都会影响体育课教学的效果。因此，这也是体育教学必须遵循的。

第四，体育教学要遵循掌握体育知识、技能呈螺旋式上升的规律。体育教学要向学生传授有关的知识、技术和技能等，而一种知识、技术和技能掌握以后，如果不及时强化，就会遗忘或消退。在前面传授的知识、技术、技能出现衰退现象后，体育教学应再次强化，使前面学习的知识、技术、技能得到巩固、完善和提高。所以，学生掌握的体育知识、技术、技能呈螺旋式上升，也是体育教学应遵循的一条规律。

第二节　体育教学的原则与过程

一、体育教学的基本原则

"原则"一词在汉语中通常指"观察问题、处理问题的准绳"，因而在教学论中，通常把教学原则定义为对教学的基本要求和指导原理。教学原则对整个教学过程起着指导作用：教学原则是指导教学活动的出发点，教师要根据教学原则来设计整个教学过程；教学原则是实施教学的总调节器，在整个教学进程中，教师要以教学原则来调节、控制教学活动；教学原则是判断教学质量的基本标准，教学质量的高低，从根本上来说，就看教学原则贯彻得如何。因此，每位教师和教学管理者都必须掌握教学论所确定的一系列教学原则。

"体育教学跟其他学科教学一样在教学过程中要遵循相关的教学原则，遵循体育教学原则是完成体育教学任务的保障。"[①] 体育教学原则是实施体育教学最基本的要求，是保持体育教学性质的最基本因素，是判断体育教学质量

---

① 陆晶晶，张鹏飞. 对体育教学原则的研究［J］. 文体用品与科技，2013（8）：79.

的基本标准。

体育教学原则是体育教学过程中必须遵守的准则或标准。作为体育教学工作的指导原理和基本要求，体育教学原则对体育教学工作具有指导作用。在体育教学过程中，体育教学原则既是出发点，又是调节中枢，它在一定程度上具体决定着教学内容的安排、教学方法的选择和教学组织形式的运用。学习和掌握体育教学原则，能使我们按照体育教学的客观规律组织教学活动，正确解决教学内容、教学方法和教学组织形式等一系列理论与实践问题；遵循体育教学原则进行体育教学，就能提高体育教学质量，反之，违背了教学原则，就会降低教学效果，甚至劳而无功。

体育教学原则作用的发挥，不是某个单独原则所能完成的，而是一个完整的体育教学原则体系才能发挥整体功能。只有建立一个科学完整的体育教学原则体系，才能发挥体育教学原则对整个体育教学过程的指导作用。

(一) 直观性原则

直观性原则，是在体育教学中，要充分利用各种直观方式和学生已有的经验，通过学生的各种感觉器官去感知事物，培养学生的观察能力和积极思考能力，使学生获得直接经验和感性认识，为掌握体育知识、技术和技能奠定基础。

确定直观性原则的依据，是辩证唯物主义的认识规律。从生动的直观到抽象的思维，再从抽象的思维到具体的实践，这就是认识规律，认识客观实际的科学途径。任何知识的来源都在于人的感官对客观外界的感知。在体育教学中，学生掌握体育知识、技术和技能也是从建立感性认识开始的。首先要让学生感知所学的动作（包括触觉和本体感觉），在感知的基础上建立起完整的、正确的动作形象和概念，从而为学生掌握体育知识、技术奠定基础。

贯彻和运用直观性原则的基本要求如下：

第一，综合运用身体的各种感觉器官，感知体育动作，扩大直观效果。在体育教学中借助视觉、听觉、触觉和肌肉的本体感觉等来感知动作的形象、结构和要领，以及完成动作时肌肉用力的程度、方法，以此来扩大直观教学的效果。

第二，充分发挥教师本身对学生的直观引导作用。在教学中教师是学生观察的目标，而教师的动作示范、语言表达等是学生获得生动直观的动作形象的主要来源。学生模仿能力很强，所以，教师必须加强自身修养，提高体育教学理论和运动技术水平，重视动作技术示范的准确性和规范性。

第三，充分运用多种直观教具和手段。借助多种教学媒介和各种现代化教学手段，如模型、图片、幻灯、录像、录音、电影等，能够充分发挥直观教学的作用。

第四，善于引导学生观察并激发学生积极思维的能力。直观性教学是通过学生直接观察运动动作的形象来实现的。学生在教师的指导下，通过分析、比较弄清正在学习的运动动作与已学过的身体练习的区别和联系，辨别运动动作的技术结构，找出动作技术的关键，明确正确动作与错误动作的界限，从而形成运动动作的正确表象。同时还要防止一般化的观察和单纯形式的模仿。

此外，选择运用好各种直观位置把握使用时机，也将会取得良好的直观效果。

（二）因材施教原则

因材施教原则，是指体育教师在教学中，既要面向全体学生，提出统一要求，又要根据不同班级和学生的个体差异区别对待，把集体教学和个别指导结合起来，使每名学生的才能和特长都能得到充分发展。

确定因材施教原则的依据，是学生身心发展的客观规律及个体发展的不平衡性。同一年级和年龄组的学生，他们的身心发展规律具有共同点，因而体育教学可以对他们提出统一的规格和要求。同时，同一年级和年龄组的学生的身心发展又存在着个体发展的不平衡性，如在身体形态、身体素质、运动能力、兴趣爱好、运动项目专长等方面都存有差异。这些不同点，又要求教师在统一教学的基础上，注意区别对待，因材施教。

贯彻和运用因材施教原则的基本要求，主要包括以下三点：

第一，深入了解学生的共性情况和个体特点。这是进行因材施教的基础。教师要通过调查研究，全面了解班上学生的体育认识、兴趣爱好、思想品德、健康状况、体育基础、身体发展等多方面的情况。只有找出他们的共同点和差异，才能采取不同的方法，因材施教。

第二，面向全体，兼顾两头。教师要把主要精力放在全体学生的普遍提高上。在制定教学计划时，确定的教学目标和要求应该是大多数学生经过努力可达到的。同时，还要兼顾两头，对个别身体素质好、有体育才能的学生，要为他们创造条件，让他们参加课余体育训练，为提高专项成绩打基础；对身体素质差的学生，要热情关心、耐心帮助，使他们在原有体能的基础上逐步提高水平，从而完成教学要求。

第三，从客观条件的实际出发。教学中贯彻因材施教原则，还必须考虑学校的客观条件。不同地区、季节、场地器材设备条件，都会制约体育教学效果。教师在制定教学目标时，除了要考虑教材、学生的特点、组织教法外，还必须考虑上述各方面的客观条件，这样才能更好地因材施教。

（三）自觉积极原则

自觉积极原则，是指在教师主导下，学生充分发挥学习的积极性，发挥主体作用，形成学习的主动性和创造性，把认真完成学习任务，变成自觉的行动。它是由教师的教与学生的学双边活动的教学规律决定的。师生关系是体育教学过程中的一对基本矛盾，矛盾的主要方面是教师。因为教师是教育者，他们掌握着丰富的体育知识、技术和经验，能满足学生对知识的需要。在实施教学计划的过程中，教师的教起着主导作用，它不仅表现在教师对计划的制定和执行上，而且还表现在对教学过程的调节和控制上。

学生是教学的对象，是知识、技术的接受者，是学习的主体。但是，学生学习的积极性不完全是自发的，还取决于教师的指导、传授、调节和控制。反过来，学生有了学习和练习的积极性，又能主动地自我调节和控制，并与教师的调节和控制协调一致，才能保证预定教学目标的实现。所以，在体育教学过程中要把教师的主导作用与学生学习的自觉积极性很好地结合起来，这是提高教学质量的关键。

贯彻和运用自觉积极原则的基本要求如下：

第一，了解和熟悉学生。教师必须了解熟悉所教学生的特点和概况，要了解他们爱好什么、需要什么、擅长什么、有什么困难和不足等，这是教师做好体育教学工作的前提。教师要做到对学生的全方位了解是很难的，其关键在于教师，因为教师是师生关系中的主导者，教师不主动去了解和熟悉学生、关心学生，学生就不可能产生对教师的信赖。教师只有做到对学生"知人""知面""知心"，才能调动学生的积极性。

第二，发挥教师的主导作用。学生的积极性并不完全是自发的，还须教师通过一系列的细致工作才能充分调动起来。所以，要调动学生的积极性，须教师发挥主导作用。教师的主导作用，不仅表现在教学中，教师通过讲解、示范、组织教学等手段，传授知识和技能，还表现在外部环境的创设上，教师给学生提供或创造一种良好的外部条件，使外因能顺利而迅速地转化为内因，从而调动学生的学习积极性。

第三，建立民主平等、情感融洽的师生关系。在体育教学过程中，教师为人师表，教书育人，既要严格要求学生，又要满腔热情地关心与信任学生，使师生关系融洽和谐，感情息息相通。这种良好的人际关系，有利于学生自觉地参加到体育教学中去。

第四，注意培养学生学习的内在动力。学生学习的内在动力，是鼓舞和推动学生学习的内驱力。教师应不断提高教学的艺术性和启发性，培养学生正确的学习动机和兴趣。动机是一切行为的前提，是推动学生学习、锻炼的心理依据。学生只有形成了正确的学习动机，才能发挥主体作用。

第五，培养学生自学、自练和自评的能力。自学、自练和自评能力是养成学生体育锻炼习惯、培养终身体育锻炼意识的重要基础。教师要为学生自学、自练和自评能力的形成与发展创设良好的外部环境，让学生独立自主、生动活泼地学习与锻炼。

（四）全面发展原则

全面发展原则，是指在体育教学过程中，学校对教材内容的选择和安排要全面多样，使学生身体的各个部位、器官、系统的机能，以及身体素质和基本活动能力，得到锻炼和全面发展。

确定全面发展原则的依据，是人体的基本特征及青少年特定的身体特征。

青少年正处在生长发育时期，可塑性很大。在体育教学中教师选择种类繁多、性质不同的教材，采用多种有效的教学手段，有利于学生身体的全面锻炼和身体各个器官系统的协调发展。而长时间进行单一、局部的锻炼，就得不到理想的锻炼效果，甚至造成畸形的发展，有碍学生健康。人体是一个完整统一的有机体，人体各器官系统的机能、身体素质和基本活动能力是相互联系、相互制约和相互促进的，某一方面的发展，都会影响其他方面的发展。因此，只有以全面锻炼身体为基础，才能促进学生全面协调发展。

贯彻和运用全面发展原则的基本要求如下：

第一，全面贯彻教学大纲（或课程标准）提出的目标和要求。认真学习和领会教育部颁布的体育教学大纲（或课程标准）的精神，全面贯彻教学大纲所提出的目标和要求，制定全年教学工作计划和教学进度时，应注意各类教材和考核项目的合理搭配，保证学生身体能够得到全面锻炼。

第二，将全面发展的原则落实到课堂教学的全过程。课堂的身体准备部分，要全面多样进行科学、合理的搭配，较理想的方案是，身体准备部分要以活动全身各部位肌肉、关节和韧带为主，使全身各部位充分伸展，为完成课堂目标做准备；课堂教学的基本部分应既有以上肢为主的练习，又有以下肢为主的练习，从而使学生身体得到全面、协调的锻炼和发展；课堂教学的结束部分，要做好学生身体的放松活动，并布置课外体育作业，从而有组织地结束一节课。

第三，杜绝单纯从兴趣出发的倾向。体育教学中应激发学生的学习兴趣，使他们乐于上体育课，教师采取一系列手段和措施激发、调动学生的学习兴趣是必要的。但是，要把激发学生的兴趣与单纯从兴趣出发两者区别开来。所谓单纯从兴趣出发，就是以学生的兴趣为中心，学生喜欢什么，教师就教什么、练什么，这种片面迁就学生兴趣的做法，背离了体育教学大纲全面锻炼的原则，长此以往，就会产生不良后果。教师要引导学生树立科学的体育观，对教师教学内容的选择有一个科学、正确的认识。

（五）循序渐进原则

循序渐进原则，是指体育教学内容、教学方法等的安排顺序，遵循着系统性和连贯性的客观规律，同时符合学生的年龄、性别特征，使学生按照一定的顺序逐步得到提高与发展。

循序渐进原则的依据，是人们认识事物的规律、动作技能形成的规律和知识、技术的系统性和连贯性特点。在体育教学中，课堂教学必须遵循由易到难、由简到繁、由已知到未知逐步深化顺序，才能使学生更好地掌握体育的知识、技术和技能。

贯彻和运用循序渐进原则的基本要求如下：

第一，提高教师素养。教师要提高自己的文化素养，了解学生身心发展的一般规律和特点，了解教材的系统性，以及各项教材之间的关系。

第二，制定好教学计划。制定切实可行的教学工作计划，保证教学能够系统连贯地进行。在制定教学计划时，注意每个运动项目、每次课、每学期的课程内容和教学方法，都应前后衔接，使学生能够逐步提高。

第三，安排好教学内容。在安排教学内容时，既要考虑教学内容由易到难、由简到繁的顺序，又要考虑教学内容之间的关系。先安排什么内容，后安排什么内容，要符合循序渐进的原则，前一个学习内容要有利于后一个学习内容。

第四，有节奏地逐步提高生理负荷。体育课中学生生理负荷的安排，应采取波浪式节奏逐步推进提高，这是因为机体适应某种生理负荷需要一定的时间。就一学年或一学期来说，应有节奏地交替安排不同负荷的体育课，下一课的生理负荷，应安排在上一课的超量恢复水平上。

（六）巩固提高原则

巩固提高原则，是指在体育教学中，教师要使学生牢固地掌握所学的基础知识、基本技术和技能，不断地发展学生体能，增强体质，并得到逐步提高。

巩固提高原则的依据，是运动条件反射建立与消退的生理规律。因为动作技术、技能的掌握、巩固和提高，是通过不断的反复练习而形成的。反复练习可以不断地建立和巩固运动条件反射，并在大脑皮层建立动力定型。但是，动力定型建立以后，还要继续练习，不断强化，使动力定型更加巩固和完善，否则，已经形成的动力定型会逐渐消退，从而影响教学效果。

贯彻运用巩固提高原则的基本要求如下：

第一，反复练习。组织学生进行反复、经常的练习，增加练习密度，反复强化，不断巩固运动条件反射，这是贯彻巩固提高原则的基本方法。每次课都要留有足够的练习时间让学生反复练习，但是反复练习不是简单机械的重复，而是要在原有的训练基础上逐步提高要求，不断地纠正学生的动作缺点和错误，使学生看到自己的进步，从而更好地激发学生反复练习的自觉性，巩固和提高所学的知识、技术和技能。

第二，组织提问、测验、竞赛等活动。组织提问、测验、竞赛等活动，是贯彻巩固提高原则的有效手段。在运用这些手段时，要根据课程的目标和要求设置题目，提问要有启发性。在某一阶段的教学告一段落时，可采取竞赛的手段，观察学生在复杂多变的竞赛条件下，运用所学的体育知识、技术、技能的熟练程度。

第三，改变练习条件。改变练习条件，对于巩固提高体育基本技术、技能具有良好的促进作用。练习条件包括场地、器材及动作结构、环境条件等，如平地跑改为斜坡跑，改变器械重量和动作组合等即为改变练习条件。

第四，课内外结合。教师在学生完成课内学习的基础上，可以布置一定量的课外体育作业或家庭体育作业，使课内外紧密结合，从而达到巩固提高的目的。

第五，培养进取动力。教师应不断提出新的目标，培养学生的体育学习兴趣和进取动力。

（七）合理安排生理负荷和心理负荷原则

运动负荷包括生理负荷和心理负荷两个方面。在体育教学中要使学生承受适当的生理负荷和心理负荷，并使练习与休息合理交替进行，以促进学生身心全面协调地发展。

合理安排运动负荷的依据，是学生在体育教学中生理负荷和心理负荷变化的规律。从生理负荷变化的规律来看，人体功能的改善和提高，必须在适宜的生理负荷的刺激下才能实现。因此，在一定的限度内，生理负荷大，超量恢复的效果就好，适应变化的能力也增强；但如果生理刺激的强度过大，超过了人体承受极限，生理机能就会受到损害；而生理负荷刺激强度过小，对生理机能的发展提升作用也不会很明显。如果在学生情绪心理处于最佳状态时安排学习各种知识和动作技术，在情感态度价值观处于高峰期内进行体育锻炼，将会达到理想的效果。

合理安排负荷的基本要求如下：

第一，根据教学目标、学生特点、教材性质等具体情况在安排新授课和复习课时生理负荷应有不同的要求。学生的性别、年龄和健康状况不同，在安排生理负荷时，要注意区别对待。不同性质的教材，应考虑它们对身体机能的不同作用和影响，以此做出科学安排。此外，对于学生的生活习惯、营养条件和其他体力活动的负担、所在地区的气候因素及作业场所的环境条件等，教师在安排生理负荷时也应给予全面考虑。

第二，正确处理生理负荷的量和强度的关系。生理负荷量和负荷强度应互相配合，逐步增加。在体育教学中通常是先增加负荷量，待适应以后，再增加强度。在增加负荷量时，负荷强度宜适当减弱；在增加负荷强度时，负荷量则应适当减少，这样负荷量和负荷强度交替地增加和减弱，密切配合，学生承担负荷的能力将会逐步得到提高。

第三，正确处理生理负荷的表面数据和内部数据的关系。表面数据是指运动动作练习的量和强度，内部数据是指负荷量和强度所引起的一系列的生理生化变化。生理负荷的表面数据与内部数据在通常情况下是一致的，但因学生的体质和训练水平不同，一定负荷的表面数据作用于不同的学生，可以产生不同的内部数据。因此，在分析生理负荷时，应把表面数据和内部数据结合起来，再加以判断和评价。

第四，安排好心理负荷。教师在安排心理负荷时（主要包括认识、情绪和意志三个方面），既要与教学进程相联系，又要与学生生理负荷相配合，使其高低起伏、节奏鲜明，从而起到相互调剂、相互补充的效果。

第五，科学地安排休息方式和休息时间。教师根据学生生理负荷和心理负荷的特点，科学地安排休息的方式和时间，以达到理想的锻炼效果。

第六，做好生理和心理负荷的测量、统计和分析工作。在评价体育课的质量时，既要安排生理负荷的测量，又要安排心理负荷的测量，以便从生理和心理两个方面进行全面的客观评价。

以上所述体育教学原则是一个完整的体系，各原则之间相互联系、相互补充，在体育教学中指导着实践。体育教学原则虽然是一个动态的发展的范畴，但是在一定的时期内，又具有相对的稳定性。随着体育教学实践的发展，人们对体育教学规律的认识不断深化，体育教学原则也将得到不断的充实和发展。

二、体育教学的运行过程

体育教学过程，是为实现体育教学目标而计划和实施的，是让学生掌握体育知识和体育技能，以及其他教育内容的过程，包括时间和空间两个维度。体育教学过程既要关注个体，又要兼顾整体；既要尊重学生的个人意识，又要关注教师的教学目标，只有做到全方位、多维度地探讨体育教学过程，体育教学过程理论才能真正指导体育教学实践。

总之，体育教学过程是一个系统运行的过程，是师生共同参与的活动，该过程由确定目标、激发动机、理解内容、进行身体反复练习、反馈调控与评价等环节组成。

（一）体育教学过程的构成要素

1. 教学主体

（1）教师

教师是教学的组织者与管理者，决定体育教学过程的实施方法，即教什么（教材）和怎么教（传播媒介），是教学计划的制定者，教学环境的创设者，各种教学关系的协调者，并通过了解、激励、教育、指导影响学生，是教学活动的关键因素，起到主导作用。

教师作为教学系统内的重要因素，在要素结构中所占比例应大小适度。如果教师的比例过大，主体性过强，势必会限制学生独立自主学习能力的发挥。教师在教学过程中具体占有多大的比例，应视其他构成因素情况而定。

在教授新内容时，或教学内容有一定的危险时，抑或教授低年级学生时，教师应该发挥主要作用，应该负有更大的责任。而在复习课、提高课中，教师如果过多干涉学生的学习活动，则会影响学生个性的发展、创造力的提高以及独立解决问题能力的培养，往往适得其反。

另外，随着现代教育理念的迅速发展，教师在体育教学过程中的角色也开始发生变化，教师已经不再是传统意义上的知识拥有者、传授者，其角色已经转化为教学过程中的"指导者、协作者、帮助者、建议者"，甚至是"学习者"的角色。

（2）学生

学生是教育的对象，教材的选择、教学方法的制定均指向学生。学生又是学习的主体，如果没有学生积极、主动、自律地学习，教学活动就无法开展，"促进学生体育学习"的体育教学目标也无法实现。学生只有积极配合教师的教学活动，充分利用各种教学条件，认真学习教材内容，才有可能达到最佳的学习效果。

2. 传播媒介

传播媒介，泛指教学过程中教材内容传递至学生的各种方法、形式或工具，一般包含物质条件和方法手段两方面，具体包括讲解、示范、教具模型演示、电视技术、互联网技术，讨论、答疑、练习、游戏、比赛以及体育场地器材设施等，主要职能是传递信息。值得注意的是，教师在某种程度上也是传播媒介，因而教师在教学过程的构成因素中具有双重身份。

当代社会是一个开放式的、高信息量的社会，教师已不仅是传统意义上的知识拥有者、传播者，随着电视、互联网技术的普及发展，人际交往的进一步深化，学生获得知识的途径越来越多，单纯依靠教师获得信息的时代已经一去不复返。

3. 体育教材

体育教材，是在体育教学中为实现教育目标而精选、组织的学习内容体系，是学生学习过程中所要遵循的对象，即学习过程中认识的客体。教材的选择应该内容丰富、情趣多样，教材的编排也应该新颖、具有吸引力，以改变体育教材滞后于我国社会发展的事实。

体育教材涉及内容、顺序和组合等多方面因素。教材内容涉及的是教什么的问题，教材顺序涉及先学什么后学什么的问题，教材组合则涉及在同一堂课中可以同时教什么的问题。由于我国疆域辽阔，地理状况、地区间的经济水平、学校物质条件等差异较大，而学生的兴趣爱好、技能水平、身体素质也存在较大的个体差异，因此教材内容、顺序、组合的选择应视地域、学生的实际情况而进行科学安排。

体育教材在一定程度上决定了教师的教学思想、模式、方法，历年的课程改革总是以教材内容的改革为出发点。体育教师应该根据体育教材进行教学模式、教学方法的创新，最终实现体育教育目标。

总之，坚持以教师的专业教学为指导、以学生认真学习为主导，充分利用体育教学传播媒介和体育教材等要素，使体育教学效果最大化。需要注意的是，影响体育教学过程的四大要素（教师、学生、传播媒介、体育教材）互相影响、互相作用，"牵一发动全身"，而且教学目标的调整也将对体育教学过程的四大要素产生影响。

4. 教学环境

主观能动性是人们在实践中认识客观规律，并根据客观规律自觉改造世界，推动事物发展的能力和作用。体育教学过程中的主体始终是人，即施教者（教师）和受教者（学生），充分发挥各自的主观能动性，对于教师提升个人素养、学生掌握体育知识和技能有重要的现实意义。在这个过程中，存在一个不可忽略的环节，就是良好的教育环境对各要素作用发挥的影响。良好的教学环境不仅可以让教师的所学得以充分发挥，提升教学质量，更能调动学生的积极性，发挥学生的创造力。

5. 教学评估

根据系统论[①]"系统整体大于部分之和"的观点，仅仅使各个要素达到最佳并不一定能够发挥整体的最佳功能，只有在追求各要素同步发展的同时，努力促进其协同配合，优化组合结构，在实现整体目标的前提下，充

---

① 系统论的主要任务就是以系统为对象，从整体出发来研究系统整体和组成系统整体各要素的相互关系，从本质上说明其结构、功能、行为和动态，以把握系统整体，达到最优的目标。

分发挥其个体功能，才能获得整体最佳功能，即"整体大于部分之和"。具体而言，体育教学过程要达到其整体的最佳功能，并不是各个要素个体功能的简单相加，所以单纯地提高各个要素的个体功能并不一定能够收到良好的教学效果，只有在充分发挥其个体功能基础上，树立整体观念，努力促进各要素协同配合，优化组合结构，才能够实现体育教学过程的高效率、高效益，从而保证体育教学沿着科学化的方向发展。对此，学校及体育教师在教学过程中应严格按照相关规章制度教学，制定健全、科学、统一、明确的评估体系，判断不同阶段各要素之间相互作用的发挥情况及取得的成果，以便及时调整教学计划和教学目标，进而实现体育教学过程整体效率的优化。

（二）体育教学过程的设计原则

体育教学过程的设计，是以流程图的形式计算，简洁反映分析和设计阶段的结果，表达教学过程，直观地描述体育教学过程中教师、学生、学习内容、教学媒介等基本要素之间的关系，为体育教师提供一个有参考价值的教学设计方案。以下为体育教学过程的设计原则：

1. 发挥教师主导作用

作为人类文明和知识的传播者，教师是影响教学成果的关键环节。现代教学环境下，教师除了要做好课前准备，把体育知识讲清楚，更要打破传统体育教学模式的桎梏，创新授课思维，采用不同的方式引导学生自主学习、独立思考、发现问题并解决问题，教师的"授课"模式应调整到更为适应现代科学技术迅猛发展需要的"解惑"模式。

2. 发挥学生的主体作用

学生作为学习的主体，为更好地吸收教学成果，培养独立人格，必须在体育教学过程中以教师的引导为依托，主动学习、学会学习，创造更多的实践机会，并在与教师、学生的沟通中启发智慧，提升能力。

3. 优化媒体组合功能

在设计运用体育教学媒体时，需要考虑各种媒体的优化组合功能。在传统教学过程中，过度依靠单一的媒体方式存在很大的局限性，如何使各种媒体组合功能相辅相成，起到"1+1>2"的效果，以适应现代化教学进程，进而优化课堂教学质量，实现课堂的智能化、高效率，应当作为教学研究的重点。

4. 体现体育教学方法

体育教学方法是体育教师在教学过程中运用清晰、准确的语言，与学生进行信息交流，或以具体的动作示范，将完整的知识要点或技能教授给学生，也包括学生在教师的引导下，根据教学要点反复练习、主动学习，只有兼顾师生两者的共同作用，并借助媒介辅助作用的体育教学方法，才能推动教学目标与成果的达成。

第三节　体育教学的特征与内容

一、体育教学的重要特征

（一）体育教学知识的可操作性特征

与其他学科不同的是，体育教学中的知识是一种"身体知识"，对学生提升自我认知具有重要的作用，其重要性不能被体育教育工作者忽略。"身体知识"是有关人类自身感觉的知识，该知识的重要性还有待教育工作者不断挖掘。该理论是人类发展过程中一种特殊的知识，是人类从自然外部知识的追求转向人体内部知识的结果，是面向人类自我、人体、人类自身的一种挑战。如今，教育部门更加重视体育教育要发挥学生的主体性，重视学生的个性养成，这种追求人类自我知识的回归不仅体现出体育教学的特殊性，还赋予了体育教学知识传承的特殊目标与意义。在未来，这类知识必将得到大部分教育者的认可，并广泛地应用于人类的健康研究之中。

（二）体育教学目标的多元性特征

体育教学是学校体育教育的最高层次，因此，体育教学应该以培养学生终身体育意识和能力为主。体育的特殊性决定了体育教学目标具有多元性的特点，具体体现在：①让学生掌握体育运动的相关知识和技能，提高学生的体能和运动技能水平，促进学生的身体健康；②帮助学生通过参加体育活动调节情感和提高心理素质，通过体育活动逐步提高学生的社会化水平。与其他学科相比，体育教学目标更广、更具多元性。

二、体育教学的内容分析

（一）体育教学内容的编排

1. 体育教学内容的编排方式

（1）螺旋式编排方式

螺旋式的体育教学内容，是指某个运动项目的教学在不同的年龄或学段重复出现、逐步提高的一种设置方法。

（2）直线式编排方式

直线式教学内容的编排是指某一个体育运动项目的理论学习和身体练习是一过性的、不间断的，一旦学过就不会再重复。

2. 体育教学内容的编排要点

在编排体育教学内容时，要注意以下问题：

（1）充分考虑学生的基础与实际需要

体育教学的对象是学生，因此必须对学生的身体基础和理论基础有一个全面的了解，同时还要考虑学生的实际需求，这样才有可能产生实际的教学效果。与此同时，体育教学在难度的安排上也需要做到缜密规划，既要保持一定的紧张度，又不能超出学生承受的负荷范围。

（2）重视不同的体育运动项目的特征

在编排体育教学内容时，由于不同的运动项目的运动技能具体要求各不相同，因此需要教师对其进行学习、巩固并做一定的改进，在领会其运动练习的核心特征的基础上灵活运用。

（二）体育教学内容的选择

1. 体育教学内容的选择依据

（1）体育课程目标

体育课程目标是体育教学活动的导向，因此体育教师要始终关注体育课程目标。体育教师可以根据体育课程目标去寻找或筛选合适的教学内容。体育课程目标为体育教学内容提供了先导和方向，体育课程目标经过专家的多方考证，具有科学性和可行性。体育课程目标具有多元化特征，体育教学内容丰富多样，许多运动项目从某种程度上来说具有一定的共性，因此要对体育教学内容的主要特征进行分析，从中选出最具有代表性和最能够体现体育教学目标的教学内容。

（2）客观教学规律

第一，选择体育教学内容要注意体育教学的一般规律。要选择与学生的年龄、身心发展规律、技能习得规律以及认知发展规律相匹配的体育教学内容。第二，要获得良好的体育教学的效果离不开学生的主动参与和积极配合。对于青少年而言，他们对自己感兴趣的、喜欢的内容学习的热情就会很高，学习效率也会倍增。因此体育教师要充分利用这一点，在体育教学过程中加强师生互动，添加一些趣味性的元素，同时还要注意采用多样化的方式进行教学。

（3）学生发展需要

体育教学的对象是学生，学校体育教学的意义在于促进学生身体素质和认知能力的发展。体育教学内容要考虑学生的喜好和他们的适应性。将学生的切实需求与兴趣相结合，建立学生乐于接受的体育教学内容体系，促使学生获得全方位的提升。

（4）社会发展需要

学生的个体发展是存在于一定的社会环境中的，不可能脱离社会发展的实际状况而独立存在，因此，在选择体育教学内容时除了应考虑学生健康方面的需求外，社会发展的客观需求也应被纳入考虑的范围。社会是实现个人价值的土壤，体育教学内容必须要有鲜明的时代性，要能反映社会对于人才的要求，并由此来设立与之相适应的体育教学内容，从而提高学生的社会适应性。

2. 体育教学内容的选择流程

（1）评估体育素材的价值

体育教师平常要多关注社会生活和社会的发展变化，以便了解社会生产和科技、教育等方面的发展对人产生的影响以及人们在体育健身方面的需求，然后以此为基础选择体育教学内容并对已有的体育素材进行具体的分析。需要注意的是，教师要对选择合适的体育教学内容进行科学的论证，要看其是否能够促进学生的身心健康发展，是否能激励学生自主进行体育锻炼，是否能够提升学生的思想水平。然后依据所选的内容展开体育教学活动。

（2）整合运动项目

体育运动项目种类繁多，运动的形式也各式各样，因此它们对人体产生的作用也是有所差异的。基于以上事实，在实际的体育教学中，教师在选择体育教学内容时，必须分析出各个运动项目对学生身体机能的促进作用，以及其中的原理，然后将不同运动项目进行整合、筛选、加工，最后形成能够全面提升学生身体素质的体育教学内容。

（3）选择体育运动项目

事实上大部分体育运动项目都适合作为学校体育教学的素材，关键在于如何对这些体育素材进行选择和组合，从而在有限的时间和空间内发挥出体育教学最大的效能。学校体育教学内容可选择的范围巨大，要在有限的时间内完成全部项目的教学是不现实的，因此就需要在学校客观条件允许范围内，在满足学生全面发展的需求的基础上选择那些具有代表性的体育项目作为教学的重点内容。

（4）分析所选内容的可行性

选好体育教学内容，就需要对地理环境、气候特征、体育场馆、器材设施等做一个全面的考察，并分析体育教学内容的可行性特征，制定出与之对应的弹性实施政策，以便在可控的范围内完成体育教学内容，保证教学的质量。

第二章 体育教学中的模式改革与创新

第一节 基于慕课模式的体育教学改革与创新

慕课是计算机网络技术迅速发展的产物，它具有大规模性、在线性、开放性、高效性等特点。"慕课的诞生为我们带来了学习的便捷，加快了我国教育信息化的步伐。"[①] 正因为如此，慕课在教育教学领域得到广泛应用。慕课是促进教育公平的一种手段，它使学校、公司和各类组织将自身的教育资源进行共享，让名校名师的优秀课程不再局限于单个教室，而是面向数目庞大的互联网用户，使得任何一个学校的学生都能够享受到和名校生同等水平的教育。近年来，随着教育改革的不断发展，高校体育教学信息化改革也在如火如荼地进行着，高校体育慕课教学是高校体育教学信息化改革的重点，也是高校体育教学信息化改革的重要方向。与传统体育教学模式相比，高校体育慕课教学模式克服了传统教学模式单一的弊端，确立了学生的主体性地位。同时，慕课教学模式不受时间和空间的限制，有利于学生根据自己的学习情况随时随地进行学习，更有利于学生提高自身的综合能力。慕课和体育教学的结合，是体育教学信息化改革的必然要求和发展趋势。

一、基于慕课模式的体育教学模式

（一）cMOOC 课程教学模式

cMOOC 课程模式是一种常见的体育慕课教学模式，它主要以连通主义学

---

① 龙雨妃，陈宏扬. 关于高校慕课平台发展的现状与解决对策［J］. 湖北开放职业学院学报，2022，35（07）：165.

习理论为基础。该理论认为，知识与连接有关，确切地说是通过网络化进行连接的，而学习的过程就是连接节点与信息源的过程。

cMOOC 涉及的内容有很多，连通主义、协同建构、知识建构等都属于 cMOOC 的范畴，cMOOC 作为慕课教学模式的重要组成部分，根据连通主义学习理论，以某个共同的学习内容，将世界各个地区的学习者联系起来，不仅实现了资源的全球共享，还促进了学习者之间的交流与协作，有利于学习者根据自己的学习情况构建符合自己情况的学习网络，从而促进自身全面发展。

1. cMOOC 课程教学模式的基本特征

cMOOC 课程模式有着自己独有的特征，具体分析如下：

（1）cMOOC 课程模式与传统的教学模式不同

在传统的教学模式中，教师是权威者、主导者，而在 cMOOC 课程模式中，教师是组织者、协调者、指导者。教师上传到平台上的知识能够为知识的探究奠定基础。同时，教师所扮演的组织者角色，可以为学生的学习设置主题，引导学生对学习资源进行选择，鼓励学生与专家进行互动，从而在互动与协作中实现知识的分享。

（2）学生由被动接受者转变为主动学习者，成为教学的主体

同时，cMOOC 有利于学生自主学习，有利于学生与教师交流互动，更有利于学生根据自己的学习情况自主构建学习网络。

（3）有利于拓展学生学习的范围

学生可以借助多种信息化平台，与教师和同伴进行交流互动，从而分享自己的观点和经验，实现资源的多维度共享。

2. cMOOC 课程教学模式的学习活动

cMOOC 课程模式中的基本学习活动主要包括：①学生浏览课程内容，并进行注册；②学生从网站上获取学习材料，这些材料有着不同的种类；③学生积极参与各种学习活动，积极参与问题的讨论，勇于发表自己的看法；④学生结合自己已有知识，将个人的学习资源制作成音频、视频，并将其通过网络平台分享出去；⑤学生意识到网络化工具在学习中的重要性，并充分利用这些网络化工具进行学习，从而对学习网络进行建构。

（二）xMOOC 课程教学模式

与 cMOOC 比较，xMOOC 的教学理念与过程偏向传统教学。

1. xMOOC 课程教学模式的基本原理

（1）对检索性学习与测验的分析

检索性学习与检索性测验对提高学生在线学习的注意力具有十分积极的作用，基于此，教师在对 xMOOC 课程模式进行设计时应该将互动性练习融到视频与测试中，从而及时对学生的学习情况进行检测。

（2）对精熟学习的分析

精熟学习的分析通常从提出背景、建立基础、组成成分三个方面入手，只有这样，才能实现分析的准确性、科学性。

2. xMOOC 课程教学模式的学习活动

（1）学习者提前了解课程以及课程安排

在 xMOOC 课程模式开始之前，学习者就应该提前了解课程的相关知识，并知晓课程的具体安排，从而进行注册学习。

（2）教师应定期发布课件以及视频

xMOOC 课程模式实施之后，教师应该结合教学目标、学习任务等定期发布一些教学课件，以及教学的短视频，以便学习者学习。

（3）课后作业应有截止日期

xMOOC 课程之后，教师应该布置相应的作业，并规定作业上交的日期，这样有利于督促学生在规定的时间内完成作业任务。

（4）适当安排考试

在实施 xMOOC 课程模式中，教师应该适当安排一些考试，并鼓励学生积极参与考试。

（5）开设讨论组以便交流

xMOOC 课程模式，注重讨论组的开设。在讨论组中，学生可以根据自己的疑问进行线上讨论和交流。如果条件允许，xMOOC 课程模式还将线下交流融入其中，将线上交流与线下面对面交流相结合。

二、基于慕课模式的体育教学策略

（一）借助慕课模式，改革教学方法手段

由于 MOOC 是开放性很强的一种教学方式，因此 MOOC 教学也有着比较多的选择性。MOOC 平台在网络上不受国界的限制，它可以很好地将课程共享给世界各地的人，并且世界各地的人也可以将 MOOC 视频上传到 MOOC 平台，从而使 MOOC 平台上的课程资源越来越多。因此，教师可以从 MOOC 平台上找到一个知识点的很多个视频，从中选择适合自己的 MOOC 资源，从而分享给自己的学生。

MOOC 的教学方法对教学效果的影响非常大，因此，为了保证教学的效果，体育教师可以适当调整教学方法。教学方法使用恰当，可以充分调动起学生的学习兴趣，并且教学内容也更容易打动学生，从而使学生更快速地内化教学知识。MOOC 教学模式是很好的一种教学方式，高校体育教学可以充分借鉴这种教学模式，从而使体育教学达到更好的效果。

（二）强化质控，丰富慕课课程资源

1. MOOC 教学质量对课堂教学效果的影响

虽然我国对 MOOC 的质量没有严格的标准，但是 MOOC 的质量对教育质量有着直接的影响，这就要求各个高校必须制作出非常优质的 MOOC 视频，从而提升体育教学的质量。因此，政府、高校、企业等需要制定出一套 MOOC 的质量标准，从而提升 MOOC 的质量。教师是 MOOC 资源开发与利用的重要参与者，教师能将 MOOC 教学的作用发挥到极致。因此，高校在进行 MOOC 资源开发时不仅要积极引入高质量资源，更要重视教师在资源开发中的作用，鼓励教师与时俱进，把 MOOC 教学模式引入体育课堂，以提高教学效率。

在具体的课堂实施中，教师可以将 MOOC 与体育灵活地结合起来，这样 MOOC 就以一个新的、学生更能接受的形式参与到体育课堂中来，学生的学习积极性也能得到有效的激发。MOOC 内容的载体形式是视频，因此，这就

也是体育教学因材施教的良好办法。体育教师可以根据具体的教学目标设计教学内容，可以根据学生的体质情况合理选择教学内容，从而更好地实现体育教学目标。另外，微课教学视频融合图片、文字、视频等不同的素材，教学内容立体丰富，能够更好地吸引学生的注意力，激发学生学习体育的兴趣，也可以使学生通过多种感官来体验体育的乐趣。

3. 提升学生的积极性与自觉性

高校学生正处于求知心理旺盛的阶段，乐于尝试新的事物。微课与传统课程区别很大，是一种新的教学方式，对于大学生来说具有很大的吸引力。微课可以将大学生的注意力快速地集中起来，使大学生能够在微课平台中保持积极的学习态度。在微课体育教学中，学生的中心地位得到了凸显，学生在课堂上的表现不再是消极的、被动的，而是积极的、主动的，教师只是适当地发挥指导作用，引导学生整理知识信息，完善知识系统。

微课可以帮助学生自主选择学习资源，有利于学生自主学习能力的提升，同时，学生这一能力的提升也可以使其更加自觉地学习，完成知识的内化。在微课教育平台上，学生一方面通过课前预习完成对自己学习的自我测评，从而在课堂上更有针对性地学习；另一方面学生之间还可以互相讨论，充分发挥学习的自觉性，主动掌握自己的学习进度与学习状态。

另外，微课还可以建立互动交流平台，使学生在学习的过程中随时沟通和交流，也能让学生根据自己的情况获取相应的学习资源，从而提高学习的自觉性，提升学习能力；教师和学生可以利用互联网，保持沟通的频率，确保学习者遇到问题时，教师能够迅速地给予指导。因此，微课在高校体育教学中的应用能够改善体育教学的效果，使体育教学出现良性的循环，这对体育教学改革来说具有更大的价值。

(二) 体育教学中微课设计的要点

1. 体育教学中微课设计的目的

体育教学目标需要做出一定的标示，只有在一定的目标指导下，学生才能有较大的学习动机。高校应该设计出能够达到学生微课学习目的的课程，否则就不是科学的微课设计。

（1）体育教学微课设计需要围绕教学来开展

微课上的资源是非常多的，教师可以根据需要利用这些资源，而学生也可以利用平台上的资源开展多元化的学习。在课程设计之初，教师需要在微课平台上发布课程的要点以及各种课程资源等，学生可以在微课中找到所需的学习内容。教师还需要将学生感兴趣的内容放入微课中，从而激发学生的学习兴趣，提高体育微课教学的效果。

（2）体育教学微课的设计一定要紧紧围绕学科的定位来进行

对于高校的体育教学现状来说，只有紧紧围绕教学目标才能设计出符合学生身心发展规律的教学内容。

（3）体育教学微课的设计要求教师对搜集来的信息进行快速提取、加工与利用

教师搜集的教学资源必须符合学生身心发展规律，并且切中教学实际情况，从而为学生提供可靠的资源环境。只有以大量的可探索资源为基础，学生的信息获取及后续的信息加工与利用才能完成。微课的知识点并不都是可以进行拆分和重组的，只有在保证内容系统连贯的基础上才能拆分和重组，从而使体育微课视频具有可使用的价值。

（4）创新是发展的动力

体育微课也应该做到不断创新，教师只有不断创新，学生才能获得更多更好的学习资源。创新体育微课还要与终身体育结合起来，只有如此，才能够真正发挥体育教学的作用。

2. 体育教学中微课设计的关键

体育微课主要是以实践为主，微课设计一定要充分考虑体育微课的实践特点。体育实践教学一般是在室外开展的，教师应该根据体育实践教学的内容，用 3~5 分钟时间介绍相关的理论知识，以便学生更深刻地理解体育动作。教师筛选合适的微课教学视频展示给学生，再根据体育实践教学的目标，布置学习任务，并规定学习任务完成的时间。教师在体育实践课堂上，将微课视频中的动作现场展示给学生，学生通过观察模仿具体的动作，掌握动作要领。体育教师可以将体育微课与实践课程结合起来，激发学生的学习兴趣，学生能在短时间内学到更多感兴趣的动作，从而提高体育微课实践教学的效

果。在体育微课设计中，教师一定要将学习资源、教学方法、评价手段与学生的实际水平结合起来，从而在实践教学中发挥微课的最大作用。

3. 体育教学中微课设计的功能

（1）适时分解功能

微课具有可以随时随地学习的特点，因而它使用起来十分便捷。微课的容量都比较小，一节微课的内容比较少，使用的时间也比较短，但是，微课的容量小并不代表它不能将教学内容讲解清楚。微课之所以小，是因为它将大的知识点分成一个个小的知识点，所以才形成微课容量小的特征。因此，体育教师在设计体育微课时，应该根据教学目标、教学内容和学习条件等来对微课的内容进行适时分解。

（2）聚焦性功能

微课胜在其"微"，在设计体育微课的过程中，突出重点、简化内容是一大前提，也是一大原则。如果教学视频冗长复杂，就不能称之为微课。每个微课的设计与制作都应该是为解决一个知识点，可以是教学重难点，也可以是易错点、混淆点，就是使微课聚焦在一个比较关键的知识点上。这个知识点就是微课的主题，微课所有的教学手段和内容都是为这个主题而服务，从而达到重点突出的效果。因此，聚焦性原则是体育微课设计的一个重要原则。

二、体育教学中微课应用的主要作用

（一）精读教学文本，合理整合内容

对于高校体育教学而言，内容复杂是其重要特征，并非所有的教学内容都能借助微课呈现出来，如果生硬地开展微课教学，可能会对教学效果造成负面影响。基于此，体育教师要想达成教学目标，要注重教材的作用，在精心解读教学文本的前提下，将教学内容科学地加以整合，从而增强不同教学内容之间的联系。

在高校体育教学中，足球基本技术教学必不可少，为了更好地应用微课模式，体育教师可以按照划分具体项目的方式将足球基本技术的教学内

容分解为基本特点、基本技术、基本战术、基本规则。教师又可以根据教学的难度将其分为三个层次：①基础层面，即运球、踢球、脚内侧接球、掷界外球、守门员接球等；②提高层面，即大腿接球和胸部接球、头顶球、守门员发球等；③拓展应用层面，即组织不同主题的足球对抗赛。将教学内容按照上述方式进行科学整合能够为足球基本技术的微课教学厘清思路，从而保证微课教学方向的正确以及微课教学效果的取得。

(二) 把握设计关键，提升微课质量

1. 凸显课程属性

体育是一门实践性极强的课程，大多数体育教师在进行理论授课时往往借鉴其他课程的模式，而很少关注体育课程本身的特点，缺乏课堂教学的创新。微课模式在体育教学中的推广让广大体育教师觉得无从下手，尤其是在制作体育理论课程的微课时，几乎体现不出体育课程的特质，也无法激发学生的学习热情。与一般课程不同，体育课程存在的意义是促进学生的身心发展、使学生形成健全的人格、让学生树立终身体育的意识等，因此，教师在制作微课时，必须要将体育课程的目标属性渗透进去，从而实现体育教学的价值。

2. 简短有趣

学生在经过枯燥的文化课程学习之后，希望通过体育课愉悦身心，因此，微课一定要做到简短，时长最好不超过十分钟，以免给学生造成额外的压力。而且，兴趣是最好的老师，只有在兴趣的带领下，学生体育学习的动力才能被激发出来，所以微课的制作一定要带有趣味性，以促使学生主动观看教学视频，主动开展体育学习。

3. 注重创新性

大学生乐于接触新鲜事物，体育教师的微课制作需要做到内容与形式的双重创新。在内容方面，教师切忌一个微课使用几年，要不断根据时代的变化与发展加以更新；在形式方面，教师力求通过多种不同的形式将教学重点呈现出来，如故事阐述、动画分解等。

4. 注重系统性

体育课程的教学看似简单，实则内容繁杂，体育教师要通过微课帮学生建立起系统化的知识网络，让学生明确教学主线，并能够由主线拓展出相关的知识点。

5. 注重实用性

体育课程的教学重点是各种体育技能，因此，体育教师在制作微课时应当突出实用性，帮助学生较为轻松地掌握各种技能的核心知识。

（三）团队协助合作，推动微课制作

体育课程教学内容的复杂性决定了微课制作的难度，为了充分发挥微课的教学效果，广大体育教师应当群策群力，明确各自的分工，一方面灵活、有效地使用手机、摄像机等录制设备，另一方面对每个知识点进行深入剖析与讲解，齐心协力制作出符合学生接受水平的高质量微课。

（四）整合信息资源，优化网络平台

在信息技术飞速发展的今天，微课应用于体育教学已经是大势所趋，微课作用的发挥则主要体现在学生的自主学习中，因此，信息资源的整合与相关网络平台的建设十分重要。体育教师可以构建以班级为单位的微信群、QQ群等，方便学生就学习问题展开交流；也可以充分利用高校的信息化建设成果，完善网络教学平台的建设。另外，教师还可以将各种成熟的信息技术应用于体育教学之中，从而为学生自主学习奠定基础。

第三节　基于翻转课堂模式的体育教学改革与创新

一、注重学生的自主学习能力

自主学习能力强调的是学生独立学习和独立思考的能力。它有利于提高学生学习的主动性，有利于学生持续探索知识，更有利于学生的持续发

展和终身学习。"翻转课堂是提升大学生学习成果的有效手段，在自我约束、批判性思维、合作学习、学习成果与投入等方面具有显著优势。①"翻转课堂作为信息技术迅速发展的产物，它对学生的自主学习能力提出了更高的要求。可见，学生自主学习能力的培养在翻转课堂教学模式的实施中起着不可替代的作用。

自主学习能力的培养应该注意四个方面：①注重学习动机，抓住影响动机的因素，并对其进行干预，从而不断激活学生的学习动机；②注重学生元认知的发展，采用多种手段发展学生的元认知，并促进学生在这一方面的发展；③重视学习策略的讲授，提高学生的认知能力，鼓励学生采用不同的认知策略；④注重学生环境利用能力的培养，良好的学习环境有利于学生学习能力的提高，因此教师应该注重学生环境利用能力的培养。

首先，在体育课程教学中，教师应该意识到动机在学习中的重要性，并积极采取干预策略激活学生的内在动机，同时注重调动学生学习体育的积极性和主动性。其次，教师应该注重学生学习的策略，并采用不同的方式对学生学习的策略进行指导。最后，教师要注重学习方法和技巧的传授，同时鼓励学生对自己进行科学、合理的评价。具体到翻转课堂的实施中，教师应该注重学生学习体育的主动性，并采取多种方式来调动学生学习的积极性。举例来说，教师可以将学生课前观看视频的时间和次数进行统计，并将统计的结果融入期末成绩考核中；在课堂上通过提问、作业检查等方式来考查学生课前观看视频的情况，并将这一考查结果融入日常的学习评价中；对没有按时完成课前观看视频任务的学生，教师也需要采取一定的措施，对这类学生学习的进度进行及时监督。

总之，利用多种方式来促进学生主动学习，是翻转课堂教学模式实施的关键。因此，教师应该根据学生的实际学习情况及任务完成的情况，选择恰当的策略，促进学生主动学习。

---

① 董江丽，周群，何志巍，等. 运用"翻转课堂"教学法推动教与学系统性改革［J］. 中国高等教育，2022（09）：56.

二、提升教师自身能力和素养

众所周知，教师是教育教学改革的重要保障，翻转课堂作为一种新的教学模式，在实施过程中也离不开教师的参与。可以说，在翻转课堂教学中，教师扮演着不可替代的角色。例如，课前教学视频的制作、在线体育教育平台的构建、课堂教学氛围的营造及教学组织和管理、课后教学评价等都需要体育教师的积极参与。翻转课堂对体育教师提出了更高的要求，要想在体育教学中有效实施翻转课堂教学模式，教师应从多个方面提高自身的综合能力，如教师的计算机操作能力、信息化教学能力、信息资源整合能力、教学组织能力、教学互动能力、教学评价能力等。

由于体育翻转课堂教学模式涉及的内容、范围更为广泛，涉及的工作也更为复杂，再加上每位教师的时间、精力有限，所以，翻转课堂教学除了要求提高体育教师的综合能力以外，还要求注重翻转课堂团队建设。随着教育教学改革的不断推进，教育教学改革也逐渐从精品课程建设向教学团队建设方面转变，基于翻转课堂的教学团队建设，是翻转课堂实施的重要保障。基于翻转课堂的团队建设有利于缓解体育教师的压力，有利于培养体育教师的合作精神，还有利于体育教师在教学团队中不断学习、不断吸收他人的经验，弥补自己的不足，从而能够在很大程度上提高体育教学的质量，促进体育教学目标的实现。

三、改善高校信息化教学环境

随着网络技术、多媒体技术等信息技术的不断发展，教育信息化已成为教育改革的必然趋势。教育信息化改革在很大程度上促进了教育教学的现代化发展，因此，高等院校在教育教学现代化建设中，十分注重教育信息化的融入。如何充分利用信息技术，如何将教育信息化与教育教学现代化有效融合，是当今教育教学改革的重要内容，也是教育改革中教育者研究的重要方向。而翻转课堂是信息技术发展的产物，它充分利用信息技术与教育技术，实现了多种资源的共享。

翻转课堂作为一种新的教学模式，注重多媒体技术、信息网络技术的利用，注重在线教育、教育技术的融入，这是翻转课堂与传统教学模式的主要区别。翻转课堂教学模式的有效实施离不开信息化教学环境的支持，因此，要想有效实施翻转课堂教学模式，就应该不断完善信息化教学环境。在当今信息化时代，以翻转课堂教学模式为典型代表的信息化教学日益受到重视，作为影响信息化教学的重要因素，信息化教学环境也日益受到重视，只有不断完善信息化教学环境，才能在一定程度上保证信息化教学模式的顺利实施。

第四节　基于处方式教学模式的体育教学改革与创新

一、合理筹划处方式教学设计

处方式教学的设计，需要在充分考虑高校学生的综合素质的前提下进行，必须有针对性地对课堂活动进行科学合理的设计，只有这样，才能有效调动学生学习的积极性。在教学中，处方式教学需要与传统的教学模式区分开，避免传统意义上的分组教学。教师将经过身体综合素质考查的学生按照能力测试结果进行划分，为不同层级的学生安排符合其速度、力度、柔韧性的训练。教师在对学生进行个性化训练的同时，应注重提高学生的思想素质，对于不爱运动的学生教师应换位思考，对其进行心理疏导，结合游戏项目活跃气氛，提高课堂教学氛围。同时，教师应对学生进行体育运动思想的培养，从而促进学生身心健康发展。

二、完善体育教师的知识体系

完善教师的知识体系，传递现代化的教学理念，促进体育教学合理发展。高校体育教学应关注大学生的身体年龄、身体条件，设计科学合理的教学计划和内容，仔细编排课程，既重视集体基本素质的共同教学，也重视个体化辅导，即按照不同学生的综合能力进行专业引导和建议，使学生接受有效的体育训练和心理辅导，推进学生综合素质的发展。体育教师更要秉承以人为本的教育原则，尊重学生发展个人意愿，开展体育训练时以学生的身体素质和心理素质为基础，实施科学完善的训练。只有认识到学生的个体差异，鼓励学生发展运动特长，才能使体育精神在学生群体中得到普遍认同，从而促进学生健康体魄的发展。因此，教师应将健康意识和运动意识传递给学生，使学生从心理上重视体育课程，抓紧学习的机会，强化自身体育水平，这样处方式教学才发挥出了作用。

三、注重处方式教学在课堂中的落实

处方式体育教学是一个多方面配合的有机组合教学，课程的准备以及教学目标的设计，需要高校具备完备的信息化处理基础以及科学的调研团队。信息化处理需要专门的工作者来完成，数据的采集和整理亦需要数据工作者来完成，要对收集的数据信息进行分类和分析，分析高校全体学生的综合素质，建立综合人才数据库。此方法除了体育教学者可以参考利用外，其他学科教学研究者也可以运用，从而达到教学资源的合理应用，实现以学生为本，这是处方式教学得以实现的关键。

处方式教学要结合学生的实际情况制定训练计划和教学计划。教师在了解学生身体和心理素质的基础上制定教学目标调整训练强度，循序渐进地提高学生的运动能力，从而使学生逐渐对运动产生兴趣，最终提高运动水平。树立明确的训练目标后，教师要根据学生的训练情况对学生进行思想意识引导，使学生形成正确的健康意识，重视体育知识，形成终身锻炼的习惯。处方式教学就是要以学生为研究对象，以学生的全面发展为目标，以教学计划为基础，对学生实施个性化教育，充分激发学生的学习主动性，使学生在课堂上高度配合教师的训练安排。教师要在教学中与学生保持密切沟通，了解学生的运动感受，为学生的正确训练提出宝贵意见。

在处方式教学的课堂上，学生是课堂的主体，教师的训练计划围绕学生主体的发展需求展开，教师能根据学生的运动特长实施差异化训练，激发学生的运动热情，对学生的心理健康发展形成十分积极的影响。在科学完善的教学方式影响下，学生能正确认识自身的运动潜能，也能主动与教师交流体育运动经验，对于主动训练、自主学习有显著作用。因此，采取处方式教学不仅能提高学生的运动质量，也能促进学生思想的发展和学习能力的提高。

第三章 体育教学中的方法改革与创新

第一节 体育教学方法及其重要性分析

一、体育教学方法的概念界定

体育教学方法是指师生为实现体育教学目标和完成教学任务的共同活动所采取的行为或操作体系，具体包含了教师和学生两个层面的操作体系。我们可以从以下几方面来对体育教学方法进行理解。

（一）体育教学方法是教与学的统一

好的体育教学方法是教与学的统一体，也就是说教师和学生之间只有通过相互之间的有效互动，形成一种沟通的桥梁，才能真正发挥出体育教学方法的作用和价值。

体育教学内容和相关的体育教学活动可以从两个层面来理解：一是教师的教；二是学生的学。教师作为教授知识的主体，其选用的教学方法和手段都是以学生为对象的，学生对于知识和技能的掌握及其理解能力的提升是教学活动开展的重要契机；对于学生而言，他们只需要紧跟教师的步伐，积极参与学习和互动的实践，与教师建立紧密的沟通和联系，才能获得更大的进步。只有将教与学切实贯穿于教学的整个过程，积极促进教师与学生之间的互动与交流，才能够真正实现体育教学任务和目标。

（二）体育教学方法是师生动作和行为的总和

体育教学方法的贯彻与实施需要师生之间的互动，互动又是通过语言、动作和行为来实现的，因此可以说体育教学是师生的语言、动作和行为的综合体。具体而言，学生要掌握体育运动的理论知识或者某种运动技能，要经过体育教师的讲解、示范等语言动作的支持，而学生进行反复练习也是行为上的体现。

二、体育教学方法的层次系统

（一）教学策略

教学策略是教学方法的组合，是教师将多种手法和手段组合在一起进行教学的行为方式。例如，作为一种广义的教学方法，发现式教学法主要由模型演示法、提问法、讨论法、归纳法等传统意义上的教学手段有机组合而成。体育教学策略的优劣主要体现在课程的设计思路和设计方案上。

（二）教学方法

在体育教学方法的层次系统中，教学方法处于"中位"，它与传统意义上的教学方法基本相同，是体育教师为达到一定的教学目标运用教学手法进行体育教学的行为总和。例如提问法，不仅可以检验学生对知识的掌握状况，还可以激励学生积极参与课堂互动和对问题的思考。体育教学方法其实也是一门"技术"，它会因不同教师的教学风格而呈现出不同的特征。

（三）教学手段

在体育教学方法的层次系统中，教学手段处于"下位"的地位，它是传统意义上的教学方法的一个部分，我们也可以将体育教学手段理解为一种"教学工具"，即在某一个具体的教学步骤中可能会使用的来协助教学课程的顺利完成。

三、体育教学方法的重要性

在整个体育教学课程体系中，体育教学方法有着举足轻重的作用。体育教学方法的重要性不仅存在于教学活动过程中，而且在教学活动结束后，其为学生带来的影响也是极为深远的，这是其他体育教学要素在功能上无法与之媲美的。"体育教学的关键是运动技术的传授，怎样向学生传授科学、系统、合理的技术结构和运动规则，并使学生正确掌握，教学方法起着重要作用。"① 总的来说体育教学方法对体育教学活动的开展具有以下四点重要性。

（一）促进良好体育教学氛围的营造

科学合理的体育教学方法有助于营造良好的教学氛围，有利于学生提高体育学习以及参与体育活动的积极性；科学的体育教学方法不仅能够展现体育教师出色的人格魅力和体育教学水平，而且能够提升学生对教师的信任度和认可度，从而提升学生学习的专注程度，这对于形成良好的学习气氛也是非常有益的。良好的学习氛围能够更好地带动学生投入体育学习，从而形成良性循环，最终提高体育教学的质量。

（二）促进学生身心素质的全面发展

科学的体育教学方法在科学的思想或理论的指引下形成，具有一定的科学性与合理性。要达到促进学生身心健康发展的目标，就需要对体育教学方法进行科学合理的利用。如果体育教学方法与教学内容或者学生的实际情况、学校的教学设施等客观条件相背离的话，可能会给学生的综合发展带来阻碍作用。体育教学过程中，体育教学方法可以视为检验体育理论知识和运动技能作用于学生效果的实践过程。体育教师既要为学生讲解相关的体育运动知识，又要引导学生积极进行体育运动的实践和训练，以此促进学生的全面发展。科学的体育教学方法的运用还能够培养学生的美好情感体验，磨炼学生的意志力，这些对于学生的成长和成材都是非常有益的。

（三）促进体育教学任务的高效完成

在体育教学活动中，体育教学方法可以为体育教师与学生建立必要的互

---

① 卢青，张建萍. 体育教学方法与内容的关系研究 [J]. 中国成人教育，2015（5）：148.

动交流联系，这对于顺利实现体育教学目标，高效完成体育教学任务具有极大的促进作用。

（四）促进体育教学质量的全面提高

科学的体育教学方法，能够充分激发学生的学习兴趣与热情，发挥出学生的主观能动性，这对提高学生的学习效率、提高学校的体育教学质量具有积极的促进作用。

第二节　体育教学方法的基本类型

一、传统体育教学方法

（一）传统体育教法

1. 语言教学法

语言教学法是指教师通过语言方式来描述体育知识、文化、动作要领、技术构成、教学安排等一系列活动要点的方法，学生通过对教师的语言的理解，逐步掌握知识的要点。

（1）讲解教学法

讲解教学法是指教师通过讲解来展开教学活动内容。讲解法一般用于体育理论的教学，教师需要注意学生所处的认知水平。如果讲解的深度和难度超出了学生的认知范围，大部分学生难以理解，则说明教师阐释的方式或者选用的教学内容不适合学生。讲解法的使用要注意以下要点。

第一，明确讲解的内容和目标，突出讲解的重点和难点；讲解要有较强的目的性和针对性，也就是说在讲解之前就要预设好讲解将要达成什么样的目标，以便在讲解过程中对课堂的整体方向有所把握。避免信马由缰、脱离主题地讲，这样往往使学生无法理解教师的用意，浪费了课堂的宝贵时间，导致课堂效率过低。

第二，保证讲解内容的准确性。教师要重视讲解内容，尤其是对体育历史文化的讲解、对专业术语的解释，对技能方法的描述要准确到位。

第三，注意讲解的形式要简单明了、生动有趣。教师要善于利用图片、视频与语言讲解相配合，同时采用多样化的表达方式，将知识点描绘得形象自然，辅以肢体动作以促进学生对语言描述的理解，避免繁冗拖沓、枯燥乏味的讲解。

第四，讲解要由表及里、易懂易学。同样的知识点不同教师教学效果往往不同，其原因在于教师对学生的不同引导。优秀的、有经验的教师往往更善于通过对比、类比、递推、递进等方式来启发学生的思维，激励学生主动思考，发现知识之间的内部联系，形成属于自己的知识体系，完成对知识要点的迁移。

第五，注重讲解的知识在逻辑上的先后顺序以及它们之间的内在关联性，以便学生能够更快地完成对知识的掌握并形成较为稳定的知识体系。

（2）口头评价法

作为体育教学方法之一，口头评价法是最为快速和直接的一种评价方法，主要是体育教师对学生的学习和练习以及学习效果进行简要的、概括性的点评。它不拘泥于时间点和地点，既可以在课堂中上也可以在课后。口头评价可以按照评价的性质分为积极评价和消极评价两种：积极评价指那些带有肯定、表扬和鼓励性质的评价；消极评价指具有一定的批评和鞭策作用的评价。由于消极评价是以批评鞭策为主的评价，因此，教师要尤其注意沟通的技巧，注意措辞的方式，就事论事，既要让学生充分认识到自己的不足之处，又要保护学生的自尊心。

（3）口令、指示法

口令、指示的语言凝练，短促有力，因此，在体育教学实践中教师可以适当采用口令指示法授课，这种方式尤其适用于体育教学中的动作教学。口令、指示法的应用有以下要求：

第一，发令的声音要清晰、洪亮。教师应发音清晰、声音洪亮。

第二，注意使用口令法和指示法的时机。

第三，注意口令和指示发出语速和节奏，太快了学生跟不上，太慢了会削弱其力度和有效性。

2. 直观教学法

直观教学法是通过视觉等感官刺激进行教学，以此促使学生对体育知识产生深刻的了解。直观教学法的优势和特点是直接、生动、形象，产生的效果往往也更具震撼力和持久性。

（1）动作示范法

动作示范法，就是指在体育教学中，教师通过对教学内容的动作示范，来帮助学生熟悉动作的结构和要领，同时使学生对该技术动作有一个整体的、形象的了解。应用动作示范法教学应注意以下内容：

第一，明确示范目的。在示范之前，教师要说明示范的目的，通过动作的展示，要使学生达到什么样的学习效果。

第二，动作示范要标准连贯。教师的演示就是学生学习和模仿的参考，所以教师的示范必须要准确，否则容易使学生形成错误的动作习惯，对其后续学习造成不利影响。

第三，注意选择合适的示范位置和角度。这样做的主要目的是使所有学生都能清晰地观察到动作示范，从而对技术动作产生准确的理解和认识，为了实现该目标，教师可以从多个角度进行多次示范。

（2）教具与模型演示

利用教具和模型等实物来辅助体育教学，使学生对于技术结构的理解更加简便轻松。

（3）案例教学法

案例教学法就是在体育教学中以案例为基础的教学方法，案例教学法能够让学生更好地理解所教授的内容。在案例教学法中，案例的选取要适合，确保能够促进目标的达成。选取有关战术配合的案例时，案例的分析要详尽，并且要注意从攻和守两个角度来进行分析。

（4）多媒体教学法

多媒体教学可以形象生动地将教学内容展示出来，通过动画和视频演示、慢放和定格等操作，可以将每一个动作的每一个细节都精准地展示出来，从而使学生对动作技术有更加快速、清晰、深刻的认识，这是传统的教学方法无法实现的。

3. 完整教学法

完整教学法在体育教学中有着较为广泛的应用，其主要应用于教学实践课，重点强调在体育教学过程中要完整地、不间断地对整个技术动作的过程进行展示，使学生对动作产生整体概念和印象。应用完整教学法有以下要点需要引起注意。

（1）完整展示要及时

语言讲解之后，要尽快进入整体展示的阶段，确保学生在认知上的连贯性，在连续的语言讲解和整体展示的双重作用下，学生会对技术动作有一个正确的把握。

（2）前期的动作练习要适当降低难度

对于难度系数稍大的动作，教师可以先降低动作的难度和要求，引导学生完成完整的动作流程，然后逐渐增加难度，待学生熟悉动作流程之后再加大难度引导学生完成整个动作。

（3）对动作的各个要素进行全面的解析，而不是仅将动作连续地展示给学生

这里的动作要素主要包括动作的发力点、支撑点、用力方向、用力大小以及所有影响动作标准的细节因素。

4. 分解教学法

分解教学法是与完整教学法相对的，更适合高难度运动项目的教授。分解教学法的主要优势是分步教学，将原本很复杂的动作分解，使之变得更容易理解和模仿，从根本上降低了技术动作的难度。具体来说，分解教学法的应用需要注意以下三点。

（1）科学地选择技术动作分解的节点，不要破坏整个动作的连贯性。

（2）注意依次教学和加强衔接练习。对于分解后的各个部分要按照其先后顺序进行练习，之后再将各个部分衔接到一起，并对此做专门的强化练习。

（3）将分解法和整体法结合运用，可以获得更好的教学效果。

5. 预防教学法

预防教学法是针对学生的错误认知、错误动作而提出的具有预防、阻断

效果的教学方法。学生的体育学习和教师的体育教学一样也是一个开放的过程，因此受到各种因素干扰的可能性较大，需要教师提前预见可能存在的干扰因素。除此之外，学生的理解能力、认知水平、身体的协调性和体能素质等各方面的条件也存在较大的差异，要求所有的学生迅速掌握体育知识和动作要领显然是不现实的，这就要求教师坦然面对学生发展的不平衡。在学习的过程中学生不可避免地会出现各种各样的错误，这就要求教师要注意观察学生的动作练习情况，总结出其中的规律，提前对可能出现的错误予以纠正。应用预防教学法有以下要求：

（1）体育教学中，教师在前期的讲解时要不断强化正确的认知，并对易于出错的地方予以强调，避免学生对动作的理解产生歧义和不正确的认知。

（2）教师在上课之前要对可能出现的问题进行预判，然后设计出完善高效的解决方案，这样可以节约上课时间，提高教学效率。

（3）可将口头评价的教学方法综合运用到实际的教学过程中，鼓励、鞭策学生预防错误认知和技术的出现。

6. 纠错教学法

所谓纠错教学方法是指在教学过程中教师纠正学生在理论认知和动作练习上的错误的一种教学方法。其中动作错误主要体现在学生对动作理解的偏差而导致的错误，或者是学生对动作不够熟练，达不到标准，针对以上情况教师要采用不同的引导方式，必要的时候可以借助一定的外力帮助学生形成正确的本体感觉。比起预防性的措施，纠错具有较强的针对性，因此教师必须精准分析错误的源头，给出最为合理有效的解决方案。

7. 游戏教学法

游戏教学法，指教师通过游戏娱乐的方式促使学生掌握体育知识要点。该教学方法应用广泛，适用于各学龄段学生尤其适合低龄段的学生。该教学方法最大的优势在于能够极大地调动学生的学习积极性。在进行游戏教学法的过程中需要注意以下方面：

（1）注意游戏的设计所涉及的行为方式、思维方式应当与所教授的内容具有较高的相关性。

（2）游戏的设计和选择要注意学生的兴趣和偏好。

（3）在开展游戏的时候，教师要鼓励学生尽力而为，队友之间要形成良好的合作关系。

（4）在游戏过程中，教师要扮演好"警察"的角色，对于犯规的学生要给予一定的惩罚。

（5）游戏结束后，教师要了解学生的感受，同时对学生的表现给予全面的评价。

（6）在使用游戏教学法授课过程中，教师要提醒学生注意安全，杜绝安全隐患。

8. 竞赛教学法

竞赛教学法就是通过组织各种比赛来促进体育教学的一种方法。竞赛教学法可以提升学生各方面的综合能力，是一种比较理想的训练方法和教学方法。具体来说，竞赛不仅可以增加学生运动技能的实践经历，尤其是实践那些高难度的动作和技战术，同时还可以锻炼学生的团队协作能力，以及面对突发状况时的心理调适能力和应对问题的能力。关于竞赛教学法，其应用有如下注意事宜。

（1）合理分组

各个对抗队的人员实力要处于不相上下的水平，这样才能通过激烈的竞争获得共同的提高。

（2）客观评价

教师要密切关注学生在竞赛过程中的表现，既要从整体上把握，又要看细节的处理，只有做到这一点才能给学生以最客观和中肯的评价，从而使学生能够清晰地意识到自身的优势和不足，以获得进一步的提升。

（3）竞赛教学法的前提条件是学生对运动项目有一定深度的理解，并且已经熟练掌握相关的技术动作，这样可以有效避免因对技术动作不熟练而带来的运动伤害。

在这里，我们只列举了一部分的体育教学方法，对于每一位体育教师而言，不能仅限于某一种教学方法，而是应当不断地学习和尝试新的教学方法，并结合教学的实际情况科学、灵活地加以选择和组合，这样才能够显著提高体育教学的质量。

（二）传统体育学法

1. 自主学习法

自主学习法是指学生主动发现、分析、探索，独立自主地进行体育学习的方法，但这并不意味着学生可以脱离教师的指导，而是要在教师的引导下开展自主性学习活动。体育教师指导学生进行自主性的体育学习，应当注意以下方面：

（1）难度要适当

由于是自主性学习，学习过程以学生自己思考与探索为主，这对于学生来说并不是一件轻而易举的事，因此教师要注意根据学生的年龄阶段、认知特点，为学生选择难度适当的学习内容，保证具有一定的挑战性，但又不至于无法完成。

（2）明确学习目标

教师要为学生的自主学习制定一个清晰的学习目标。通过学习目标的制定学生能够清楚地知道自己要完成的任务，以及需要解决的问题和要达到的水平。

（3）学生要参照学习目标，学会自我调控

①对学习过程有一个整体的把握；②学会积累各种学习方法，并思考学习方法与运用场景之间的联系；③有创新思维，在对具体情境进行较为客观的判定基础上将已有的知识进行迁移和组合，从而创造出专属于自己的学习策略。

（4）教师要对学生的自主学习给予适当的辅助与引导

学生的自主性学习并不是放任的无组织的学习，相反它更是一种有计划、有目标的学习过程，在这个过程中教师要关注学生的学习进度，如果出现不妥当的情况，学生的学习路径或思考方式发生偏离时教师就需要及时给予纠正。

2. 合作学习法

合作学习法就是指在学习过程中强调合作的重要性，强调学生之间的相互帮助和配合，通过合理地划分工作任务和相应的责任，最终共同圆满地解决问题，达到学习目标和任务。应用合作学习法应注意以下问题：

（1）确立学习目标，明确合作式学习预期要达成的效果，以及要重点培养的学生能力。

（2）将所有学生分成实力相当的小组，依据任务特点将不同性格、性别、特长的学生合理搭配，以促使学生之间取长补短。

（3）确定小组研究课题，引导学生合理地进行组内分工，并探讨如何提高全组的整体学习效率。

（4）完成小组学习任务。

（5）各个小组之间进行学习和交流，分享各自的经验和心得，通过交流和分享，各个小组可以相互学习，发现自身的优势和不足。

（6）教师关注、监督和评价学生学习的过程，并帮助学生一起做好学习总结。

二、新型体育教学方法

（一）娱乐教学法

增强学生体质是体育教学的积极效应，这一点是毋庸置疑的，即便这样，仍然有相当一部分学生对体育课不感兴趣，不能积极主动地参与到体育活动中来。传统的体育课往往是教师一味地讲解和示范技术动作，学生一味地模仿这些技术动作，单调乏味，缺乏变化和吸引力，无形之中体育课就成了学生想逃离却又不得不接受的存在。

因此，为了激发学生对体育课的兴趣，更好地焕发出体育运动本身的独特魅力，就必须改变过去单一的教学形式，积极采用娱乐教学法，重新编排和组织体育教学内容。在娱乐教学过程的设计上，体育教师需要下功夫，积极探寻每一堂课的娱乐性成分和娱乐性元素，或者考虑如何将娱乐性元素，如游戏、音乐、竞赛、趣味性道具的使用等穿插到体育教学过程中。当然，该做法会给教师的工作带来一定的负担和压力，但可以充分展现出体育课的丰富性和趣味性，激发出学生的学习兴趣，学生的学习效率就会随之提高。需要注意的是，在娱乐教学法的使用中要避免走娱乐的极端，如果体育课失去了培养学生强健体魄和学习能力的目标，那将是得不偿失的行为。

（二）成功教学法

成功教学法就是根据学生的接受能力，将教学的技术动作的精华部分提炼出来，适当降低其难度，鼓励学生凭借自己的意志力和理解能力顺利完成动作的学习。在该过程中，学生通过对技术动作的顺利完成体会到成功给自己带来的舒畅感和快乐感，这是任何外来的鼓励都无法比拟的，由此，学生对于体育学习的信心大增，从而坚信自己可以学习好其他的体育运动技能。

在一些对体育学习不感兴趣的学生中，相当一部分学生是由于自己的体育运动表现不够好，与其他同学差距较大，由此产生对体育课程的排斥心理，而通过成功教学法可以重新燃起学生对体育学习的信心，培养他们坚韧不拔的意志品质，形成正确的学习动机，这对于体育运动技能的提升是非常有益的。

（三）探究教学法

探究教学法就是指教师着意引导学生在教学过程中发现问题、分析问题，最终提出可行性方案解决问题的一种教学方法。通过探究教学方法，学生在探索和分析的过程中不知不觉地掌握了相关的知识和技能，同时培养出了高超的洞察力和知识迁移的能力。探究教学法符合现代教育理论以及以学生为主体的教学理念，因此越来越受到体育教师的重视。

在探究教学法的应用过程中，探究的目的要明确。教师要提前确认研究计划，确保体育教学目标的实现。如果探究的目标模糊或者实际的教学与探究的目标相背离，则会导致无效教学，浪费师生的时间和精力。

探究的内容和主题要和学生的运动水平以及他们的认知能力相一致。教学内容太简单的话，学生会觉得没有激情和挑战性，继而产生无聊的感觉，内容难度设置过于高深，又会打击学生对于体育学习的自信心。因此教师要深刻理解这一点，引导学生做难度适中的探究性学习。对于一些难度偏大的探究性课题，学生通过努力仍然没有较为理想的思路时，教师要适度地启发和引导。

（四）微格教学法

微格教学法指的是为了将枯燥的体育理论知识变得形象生动更具吸引力，而采用一定信息化技术手段的教学方法。具体而言就是利用录像、音频等手段建造一种可操作可调控的体验系统，学生通过该体验系统进行体育理论的学习能够对体育知识和动作技能产生清晰明了的感性认识，从而大大提高体育运动技能。在体育教学中使用微格教学法的具体步骤如下：

首先，提前准备好课件。教师需要在课前对视频进行剪辑处理，并制作成体育教学课件，将信息化技术应用于体育教学可以使教学内容更加丰富形象，对于调动学生的学习主动性具有积极的促进作用。

教师在讲解体育理论时，将视频或音频课件展示出来，通过学习这些感性化的视听材料，学生对体育知识和动作技能的认识会逐步加深，能够提升学生的体育运动技能。例如在篮球技术的教学过程中，教师可以在上课之前搜集一些著名的篮球明星完成技术动作或者战术配合的视频，然后将其剪辑成教学课件，学生通过观看视频，便于对技术动作的深刻理解，加上是明星的"示范"，学生们的信心和兴趣都会大为提升。

其次，以学生为主体，安排教学内容。这里主要是指教学内容要考虑到学生的发展方向以及学生的兴趣所在。微格教学一方面要注意在教学内容的选择上要有针对性，要着重培养学生未来就业所必需的素质和能力；另一方面也要注意学生的时代特征和个性化特征，尽量选择具有典型意义和在学生群体中普遍受欢迎的体育教学内容。与此同时，体育教师还要注意在体育教学过程中给学生留下一定的思考时间和空间，引导学生做进一步的思考和探讨，让学生在和谐、温馨、互助的学习氛围中感受到体育学习的乐趣和意义。

再次，在实际的教学实施中，可以将视频播放和学生反复训练两种方式结合起来交替进行。具体流程为：①在进行教学示范时，教师可以通过高水平运动员的示范录像，使学生形成技术动作的感性认识，以便模仿训练；②教师在采用微格教学法时，还可以结合多种体育教学方法，比如直观教学法和分解教学法，以强化学生对体育技能的理解和训练；③教师安排学生进行训练，完成一个阶段的训练之后，所有的学生进行分批演示，同时拍摄演示的视频；④师生一起观看学生的演示视频，针对动作技能演示情况，师生一起分析和讨论，教师要对学生训练的结果做出客观的评价，指出训练过程中出现的错误动作并及时纠正。

微格教学法用于体育教学还有几个需要注意的细节问题：体育教师可根据体育教学的实际情况选用慢镜头或者回放，以便学生能够看得更加清晰明了；通过自己的演示视频，学生将自我动作与标准动作作比较，从而找出问题所在；通过师生的评价以及教师的指导，学生在分析和比较中找出问题的原因及解决办法。

最后，课程结束后，体育教师还要反复观看教学视频，对教学过程中的不足之处进行优化，同时也可以通过微格分析处理达到一定的优化效果。

（五）情境教学法

情境教学法是指在教学过程中，教师有目的地引入或创设具有一定情感、形象、具体的场景，引起学生积极的反应态度，并吸引他们自觉投入，积极参与学习活动的一种教学方法。情境教学法的主要优势是：可以促进学生对教材的理解，促进学生健康心理素质的形成；激发学生对体育学习的热情，从而主动、快速地接受教师教授的知识，学习效果也会获得较大幅度的提升；情境教学法还能够使学生体验到体育学习带来的快乐和成就感。情境教学法与多媒体教学法相结合，丰富多彩的多媒体画面能够提升学生的审美情趣、陶冶高尚的情操。体育教学中情境教学法可以采用以下策略以提高教学的效果：

1. 充分利用游戏创设教学情境

爱玩是孩子们共同的天性，要让学生学习好的前提是要让他们痛痛快快地玩好，再加上体育教学是以身体活动为主要内容的教学，客观上为学生的"玩"提供了较好的机会。因此，体育课堂必须充分注意体育教学的娱乐性，在创设教学情境时可以适当引入多样化的游戏内容，激发学生的学习兴趣，激励学生在体育学习和练习的过程中克服各种心理障碍。

比如在障碍跑的课程学习中，经常有学生不敢进入实战阶段，导致课堂教学无法顺利进行。针对该情况，教师可以在障碍跑的终点设立一个领奖台，鼓励学生努力克服面前的困难。在游戏结束后，对于那些能够克服心理障碍、努力达到目标的学生，教师要予以表扬，对于不够规范的动作要及时纠正。学生在挑战成功之后将会逐渐形成稳定健康的体育价值观，从真正意义上喜欢体育课和体育锻炼。通过这样的方法，学生克服困难的能力得到锻炼，参与积极性提高，同时动作的准确性也得到了提高。

2. 教学情境创设与音乐相结合

人们常说音乐、体育和美术是一家，这主要是说它们都具有一定的艺术性，具有较高的美学内涵。情境教学就是体现体育教学艺术美的最好的方式之一，将音乐等元素引入到情境教学可以发挥出情境教学的实际作用。

同样的训练内容没有音乐和加上音乐的配合获得的教学效果是完全不一样的。有音乐配合的体育训练，使学生置身于音乐美的环境中，此时的体育训练变成了一种美的享受。此外，音乐的选择也很重要，在身体训练时可以选择情绪激昂一点儿的音乐，促使学生保持较好的精神状态；当训练完毕需要休息的时候则应当选择一些舒缓轻松的音乐，使学生的身体和心情得到全面的放松和休息。

3. 运用语言创设教学情境

运用语言创设教学情境，也会获得不错的效果，这主要是因为课堂语言具有独特的魅力。体育教师可以通过生动的、丰富的、具有鲜明特色的语言将教学内容故事化、情节化、夸张化，语言所营造的情境同样可以给学生带来美好的学习体验。

教师不仅可以用语言创造出有意思的、独具一格的教学情境，还要注意转变固有的思想观念，不断创造出具有新意的情境教学模式，从而促进体育教学事业不断发展。

（六）分层教学法

分层教学法是指在实际的教学中，根据学生不同的学习基础以及自身的认知水平，设定不同层次的教学目标和教学任务，以防止有的学生"吃不饱"，而另一部分学生又学不会。分层教学法能够大大提高学校整体的教学水平。

1. 对教学对象进行分层

在分层教学法中，首要的任务就是将所有的教学对象进行科学合理的分层，要实现这一点，教师可以通过体能测试等办法来了解学生的综合体质，还可以通过问卷咨询、实际练习和竞赛等方式来判定学生的运动技能水平层次，只有对学生的体能情况了如指掌才可以对学生实施分层教学。在分层教学的过程中，教师也要注意观察学生的学习进度以及学生对知识和技能的吸收情况，同时还要和学生保持沟通，倾听学生的心声，及时调整教学方案。当然教师也可以按照其他要素和标准来分层，比如学生的兴趣爱好等，只要运用得当同样也可以获得不错的教学效果。

2. 对教学目标进行分层

如果教学目标设置难度过低，学生就会觉得毫无挑战性和吸引力，感到枯燥无聊，注意力也不易集中；教学目标如果设置得过高，学生就有可能无法跟上教学节奏，最终也达不到预期的教学目标，严重的话还会打击学生体育学习的自信心。因此，体育教师一定要注意教学目标的科学分层，这样各个层次的学生都能够展现出比较理想的学习状态，从而促进他们在各自所处的层次水平上取得进步，最终实现共同进步。

3. 对教学内容进行分层

教学内容的合理分层对于教学目标和教学任务的完成具有重要的意义，也是有效提高教学质量的关键因素。对教学内容的分层，主要体现在教师要根据学生的不同情况安排不同难度和种类的教学内容。比如，对于身体素质较好的、运动技能水平较高的学生可以适当提高学习内容的难度，这样可以激发学生对知识的探索欲，帮助他们达到更高的学习境界；对于基础较为薄弱、身体素质差的学生，可以分配一些较为简单的练习内容，逐步提高其体能，同时还要使其保持学习的兴趣和信心。由此可见，分层式的教学内容可以促进每一名学生获得相应的进步，从而提高整体的教学效果。

（七）逆向思维教学法

逆向思维教学法是指对司空见惯的似乎已成定论的事物或观点反过来思考来开展教学活动的一种教学方法。从常规的思维角度来说，教师一般比较习惯按照技术动作自然发生的顺序来进行体育教学，但有时候按照非同寻常的程序来教学反而可以取得更好的教学效果。例如在跳远的教学中，可以先教起跳，然后教助跑和落地动作；标枪的教学，可以先教投掷动作，再教助跑，最后将各个部分组合到一起，做完整练习。此类教学有一个共同点，就是把最难的部分放在最前面来教授，因为这部分动作的正确与否对整个运动项目的习得起决定性作用。

在体育教学实践中，有些学生总是学不会一个看似简单的动作技能，当这种问题呈现出普遍性特征时，教师就需要用逆向思维来思考这些问题，因为很有可能问题的起因不在于学生的"学"，而在于教师的"教"，如果教师能够及时地反思是教学环节出现问题还是教学方式的选用不适合，就能及时地解决问题。这种"反思"其实也是逆向思维教学法的一种体现。

(八)"对分课堂"教学法

"对分课堂"是一种教学课堂的新模式，"对分课堂"的核心思想是把一堂课的总时长一分为二，一半用于教师的讲解，另一半由学生自由讨论和自主探索学习。后面的一半时间强调的是学生的自主学习和相互交流，突出了讨论的重要性，这样可以发挥出学生的积极性，自主完成对知识和技能的深化理解。"对分课堂"的应用不仅可以降低教师教学负担，还可以提高教学质量，改善教学效果。实施"对分课堂"教学法需要注意以下要点：

1. 对课堂时间的合理分配和利用

"对分课堂"最关键的要点就是要将教师的讲授和学生的交互式学习分开，而且要保证在这两个阶段的中间安排一定的时间让学生将教师讲授的知识要点和动作技能消化吸收。所以有人将"对分课堂"称为 PAD 课堂，这是因为其具有 PAD 课堂界限清晰、相互分离却又相互联系的三个过程，即讲授（Presentation）、内化吸收（Assimilation）和讨论（Discussion）。

2. 对学生进行合理分组

在划分讨论小组的时候，教师要注意尽量使各个小组实力均衡，男女生比例合理搭配。因此在分组之前，教师对学生的基本情况要做一个详细的了解，既要保证各组实力相当，也要注意任务分配的均衡性。这样做体现了各组之间的公平竞争，制造出一定的悬念，激发学生学习的动力和潜能，此外男女生的合理搭配，在完成任务的过程中，还可以起到性别互补的作用，使体育课程更有激情，也能产生更好的学习效果。

3. 宣布任务之前要做好引导和启发的工作

也就是说，教师在布置一个具体的任务之前，要对任务的要求进行详细的讲解，并启发学生学习讨论的思路，促使学生对学习任务有比较全面和深刻的理解。教师要让学生对整个学习的重点和难点都有所了解，同时也要对本次课程的目标和内容有所把握，让学生在相互沟通、交换意见之前先想一想如何才能够更好地实现任务目标。

4. 给予学生平等的表现自我的机会，同时要注意让所有的学生都能够清楚地观察到正在展示的同学的表现

通过随机抽查和预先制定的量化标准基本可以对"对分课堂"的实际学习效果做一个客观公正的判定。只要主要环节设置合理，学生遵循流程安排，一般可以获得比较理想的效果，但是不能排除会有个别的小组偏离主题，这时教师要及时指出来，并给予合理的建议。通过自我展现，学生锻炼了表达能力，教师要以此为契机注意引导学生一起分享做任务过程中的闪光点，让他们从别人的优秀表现中得到相应的启发，从而赋予学生自我展现以深刻的意义。

在"对分课堂"教学中，教师要提醒学生在开展讨论的过程中以主题内容和教学目标为中心，防止剑走偏锋，脱离主题而造成无谓的损耗。也就是说教师要主动承担"总导演"的角色，为学生提供适当的指引和指导，以提高学生的学习效率。

第三节　体育教学方法的体系与选择

一、体育教学方法的体系

（一）体育教学方法体系构建的依据

"体育教学方法是体育教学论中最灵活的组成部分，是体育教学理论和实践的中介环节，恰当的教学方法对于促进学生掌握知识、技能和发展能力具

有重要的意义。教师通过对体育教学方法体系的分析，在体育教学过程中，要想选择出最优化的教学方法，必须明确教学目标、学生情况、教材的适用范围以及不同方法的优化组合。"①

在体育课程改革的过程中，"目标统领教材"是一个重要的指导思想，其要求是依据教学目标来选择体育教学内容。从广义上来讲，教学内容涉及的不仅有教师所教授的知识和技能，同时也包括观念、思想、行为和习惯等与学习能力相关的种种要素。学生的学习过程就是将教师所教授的内容内化为自我的知识体系的一个过程。这个过程不会自动地发生，需要教师通过一定的教学方法才能够得以实现。按照体育新课标的具体要求，对于体育教学方法的选择要视学校的具体情况和学生的身心发展特点而定。

依据学习内容性质的不同，可以分成5个主要的体育学习领域，通过与这些领域的目标相互渗透和影响，形成"目标—内容"关系，即目标决定内容选择，内容选择促成目标达成。此外，新课标还将体育教学内容的学习水平分成6个等级，并且对每一等级的水平都有明确的定义，从而体现出体育教学的特殊性。

因此，新课程标准5个领域和6个等级的确立，为学校体育教学方法的选择提供了一定的理论指导，促进了"目标—内容—方法"教学范畴体系的初步形成。在这样一个体系的指导下，不同的地区、学校在选择体育教学内容和方法时就有了具体的参考和选择的空间。

（二）基于新课标下体育教学方法的体系构建

新课改最大的特色就是学生的学习方式发生了巨大的变化。具体而言，就是摒弃了过去那种纯粹的接受式的、被动式的学习方式，取而代之的是体现学生主体性的、主动式的，具有探索性的、研究性的学习方式。

要彻底实现这一转变，教师的努力起着举足轻重的作用。其主要体现在以下三个方面：

---

① 高菲菲，李士建. 体育教学方法分类体系的分析与思考 [J]. 榆林学院学报，2006，16（6）：57.

（1）了解学生在兴趣爱好、个性特征、学习能力等方面的具体情况。

（2）充分考虑学生的年龄特征及身体生长发育的规律。

（3）为课堂师生互动提供广阔的空间。

因此在实践中必须建立起一个新的、完善的教学方法体系以适应新课标的要求，新时期的体育教学要遵循本身的客观规律，结合具体的教学内容，按照 5 个领域和 6 个等级来构建出新的方法体系。6 个等级是在 5 个领域划分的基础之上确立的，它们共同决定了体育教学方法的选择。换言之，在体育教学实践中，每堂课都是根据目标来确定内容的，其所包含的 5 个领域都有其各自不同水平的目标，体育教师依据各个领域的水平目标值来选择最具有科学性和合理性的体育教学方法。

二、体育教学方法的选择

目前，各个学校在开展体育教学时所采用的方法丰富多样，且各具特点。要想将教学方法的价值真正发挥出来，体育教师就一定要重视选择教学方法。具体来说，体育教师为体育教学挑选方法的标准主要有以下方面：

（一）依据教育理念进行选择

在选择教学方法这一过程中，教学理念具有重要指导作用。具体来说，体育教师在为体育教学选择方法时，应在最新体育教学理念的指导下进行，并且需要遵循如下方面：

第一，现代体育教学深受素质教育的影响，强调以实现学生身心健康全面发展作为目标。对此，体育教师在为体育教学挑选方法时应坚持"以人为本"，始终都坚持将健康这一理念放在学生体育学习过程中，这除了有益于保障学生积极主动地参与到体育学习之中，还有利于学生终身体育意识的形成。

第二，体育教师在选择教学方法时，应该坚持以学生为主，从学生实际需求出发，进而确保学生的积极主动性被充分激发出来。

第三，体育教师在选择教学方法时，应该注意强调对于学生体育意识的培养、能力的提升，进而为其在走出校门、走向社会后继续参与体育活动奠定扎实的知识与技能基础，保证其在未来发展中可以主动参与体育运动。

（二）依据教学目标进行选择

根据教学目标、任务的不同，教学方法在选择上也会存在一定的差异性。目前各个体育教师为体育教学选择教学方法的主要依据是体育教学目标。具体来说，体育教师基于体育教学目标选择体育教学方法时，需要注意如下事项：

第一，体育教师一定要基于体育教学的总目标来选择体育教学方法，以此来确保不管是每次课程的教学目标还是总体课程教学目标在最后都能实现。

第二，体育教师在选择教学方法时，一定要基于本次课程的教学目标，来选择合适的教学方法。

第三，体育教师在选择教学方法时，一定要注意将教学目标进行细化，据此来对教学方法加以确认，最终确保每一个小目标在最终都能实现。例如，为了让学生对于课堂所掌握的体育技能进一步加以巩固，体育教师可对应地采用练习法、比赛法等。又如，基于引导学生学会新技能的目标，体育教师应该多运用讲解、示范、分解、模仿等教学方法。

第四，在当代社会，体育教学总目标为"促进学生体魄强健、身心健康"。体育教学在选择方法时也应该基于此进行，决不能只为一时的效果，而放弃长远打算。

（三）依据教学内容进行选择

体育教学所涵盖的内容丰富多样，为了保障学生能够很好地掌握教学内容，教师需要根据教学内容来选择特定的教学方法，这样才能确保整个教学得以顺利进行，学生得以深入地掌握教学内容。在体育教学系统中主要有两个构成系统——教学内容、教学方法，二者之间存在十分紧密的联系。因此，体育教师在选择教学方法时一定要重视对教学内容的考虑。操作要求具体如下：

第一，体育教师在选择教学方法时，一定要重视实用性，即保证其切实可行地在体育教学中加以运用。例如，体育教师在教授技术动作时，应该运用主观示范法来为学生讲解；体育教师在讲授体育原理时，应该运用语言讲解教学法来按照一定逻辑逐步为学生解释，让学生得以真正理解以及掌握。

第二，体育教师在选择教学方法时，应该注意选择适合教学内容呈现的表现方式，以此来保证学生以极大的热情尽快掌握知识。例如，图片展示这一方法具有直观性、便捷性，多媒体教学这一形式具有生动性、细致性，不同的方式具有不同的特点，教师可以根据实际内容选择适合的教学形式。

（四）依据学生特点进行选择

体育教学所面临的群体主要是学生。如果没有学生，体育教学将会失去其存在的意义。具体来说，体育教师选择教学方法首先需要考虑的是，这一教学方法是否有益于促进学生学习体育，换句话说，一定要基于学生群体的实际需求以及特点来选择具体的教学方法。这就要求体育教师既要关注学生的群体特点，又要关注学生的个体特点。具体来说，体育教师在基于教学对象即学生的特点来选择教学方法时，应该重点关注以下内容：

第一，就学生这一群体所具有的特点来说，体育教师一定注意把控这一群体的共性，据此来选择教学方法。例如，低年级学生定性较差、爱玩，体育教师就可以在教学过程中多采用游戏这一方法进行教学；高年级学生的专注力更加持久，也有了思考能力，体育教师可采用探究、发现法教学，引导学生在自主探究以及解惑的过程中一步一步地培养起参与体育运动的习惯以及意识。

第二，就学生这一群体的个体特点来说，体育教师应该注意关注学生与学生之间的不同，并据此来安排教学方法。

（五）依据教师条件进行选择

在体育教学活动中，体育教师不光是组织者、指导者，还是安排者、选择者、实施者。因此，体育教师在选择教学方法时也同样应该对于自身的相关条件进行考虑，具体要求如下：

第一，体育教师在选择教学方法时，应该注意考虑一下所选方法是否适合自身。体育教师应该考虑一下运用所选方法是否可以将自身的素质水平、教学能力与经验发挥出来，保证教学得以顺利进行。

第二，体育教师在选择教学方法时，应着重研究一下所选教学方法是否和自身的教学风格、性格特征契合。

第三，体育教师在选择教学方法时，应该与当次课程教学目的进行结合。

（六）依据教学环境与条件进行选择

体育教师在选择教学方法时一定要对于整个教学活动牵涉到的教学因素进行综合考虑。其中，尤其要重视对于客观教学环境与条件的考虑。

具体来说，教学环境不仅包含场地、器材，还包含班级人数、课时数等。与此同时，外界社会文化环境的好与坏也会对教学环境产生十分重要的影响。体育教学条件包含体育教学的硬件条件、软件条件等。

在开展体育教学活动的实际过程中，体育教学环境以及条件对人的主观意志的影响会对教学方法的选择产生十分显著的影响。体育教师在选择教学方法时，除了需要关注客观教学环境因素之外，还需要对于某一种教学方法所需要的客观环境和条件加以充分考虑。

第四节 体育教学方法的优化与创新

一、体育教学方法的优化

（一）转变体育教学理念

当今社会信息技术发展迅猛，体育教学与网络技术的融合已经成为一个不可逆转的趋势。在体育教学中，运用网络技术，可极大程度地保证整个教学取得良好的效果。为了能够将网络技术的作用发挥出来，体育教师还需要及时对教学理念进行调整。对此，体育教师以及相关工作人员一定要以一个开放的态度面对当下流行的新理念以及新事物，以此来为现代体育教学手段在体育教师中的实际应用提供便利。体育教师要严格要求自己，提升自己的专业素质，努力在实际教学中不断发现自我、完善自我，这是现代体育教师在新形势下必须具备的一个素质。同时，这也是保证信息技术在体育教学中发挥出最大作用的关键所在。

（二）加强教学手段创新意识

在创新体育教学手段这一实际过程中，体育教师要想取得良好的效果，应该在态度上给予重视，树立科学且正确的创新意识。体育教师的教学手段能否有所突破，实现创新，将会对学校体育教学能否突破传统落后理念的制约，建立起与时代相适应的现代化体育教学模式起到决定性作用。要想实现体育教学手段的创新，关键在于引导一线体育教师以及体育教学相关管理部门对于创新形成正确的思维和意识。以体育教师为例，倘若他们具有创新意识，那么不管在教学中还是在与学生日常接触中，都会时时刻刻地谨记培养学生对体育运动的兴趣，并注意对学生的创造能力加以提升。体育教学手段现代化，离不开体育教师激发学生的创造欲望、满足学生的心理需要的强烈岗位意识，以及随时根据现实对体育教学进行调整的高度责任感。

（三）充分利用体育教学软件

在学校体育教学基础设施持续得到完善、优化，以及教育技术现代化得到快速发展这一背景下，当前各个学校一定要注意加大对于体育教学辅助软件的建设力度。各个学校在后续体育教学中应有意识地确保体育教学软件的开发力度得到进一步提升，使其得到迅速发展，更好地匹配于现有的硬件设施条件，从而可以将现代化教学手段的价值以及意义充分发挥出来。具体来说，体育教师在开展教学的实际过程中，要基于汇集计算机、投影仪、录像播放器三者于一体的多媒体技术，将那些难度系数相对较高的技术动作制成电脑动画，以便学生可以反复多次地、慢速地、多方位地、动静结合地来观看整个技术动作的演示。如果可以再配一些文字对于该类动作的关键技术进行解释说明，学生势必会对所学动作的技术要领以及动作结构有更加清晰的理解以及认识。这样可确保学生对于正确动作快速形成概念，极大程度地提升教学效率。

那些功能强大、技术全面、实操性较强的教学软件可极大程度地激发起学生学习体育动作、体育理论的兴趣，这进一步说明教学软件的开发利用在学校体育教学中有非常重要的价值。例如，在开展篮球体能训练的实际过程中，倘若只依赖学生个人进行体能训练，或者利用多媒体幻灯片这一技术来向学生进行大量的理论文字讲解，这对学生而言无疑是枯燥的，也是乏味的。

反之，倘若体育教师在制作体能训练电子教案时采用动画或者视频等动态形式进行讲解，则更加具有观赏性，可供学生反复观看。最后教师再辅之文字理论或技术动作讲解，可以直接对学生的感官神经产生一定刺激，使学生在学习体育理论以及技术动作时带有强烈的好奇心与兴趣。具体来说，大力开发体育教学软件，除了有益于进一步优化体育教学内容、教学模式外，还能进一步拓展以及丰富学生对所学内容领悟的路径。

此外，出于进一步丰富以及拓展资源的目的，各个学校还应该搭建起相关的网上教学资源库，以便学生借助校园网在库中获取所需以及感兴趣的知识，在线自行主动学习，这有利于为学生营造出一个更好适应、高度互动、个性化的智能教学环境。在校园网、体育教学信息库得以建立并实现进一步改善，以及高科技产品与体育教学之间的结合更加紧密的背景下，不管是研制现代化体育教学软件，还是创新与开发现代化体育教学软件，和过去相比都更为容易了。由此可见，加大开发体育教学软件的力度，加快进程，对创新以及发展体育教学手段的现代化都具有极其重要的意义。

二、体育教学方法的创新

（一）不同阶段的教学方法创新

1. 准备活动的方法创新

准备环节是学校体育教学的重要环节之一。好的准备活动可确保学生不管是身体机能还是心理机能都能够快速进入准备状态，极大程度地降低了运动损伤的发生概率，使整个运动过程得以顺利进行。因此，体育教师在创新教学方法的具体过程中，应该以准备活动作为着手点，使准备方法更具创新性，让学生得以放松身心，为后续教学的顺利进行提供保障。

具体来说，准备活动通常可分成两种形式——一般性准备和专项准备。体育教学在一般性准备活动中，可通过游戏的形式激发起学生的参与热情，保证学生大脑的兴奋性得以提升。例如，采用以"贴人""报数"等为代表的过程简单、组织便捷且具有极强灵活性的游戏，引导学生的身心得以迅速处于一种准备状态。而在专项准备活动中，体育教师也可基于教学内容适当引入一些与之相关的内容。例如，可在开展投掷类运动之前开展一个传球游戏，既可以让学生放松身心，激发起学习的热情，又可以让学生做好热身，极大程度地避免运动损伤的发生，进而为后续教学的顺利进行做好铺垫。

2. 教学内容的方法创新

体育教师将创新理念融入学校体育的实际教学中，一方面可使整个课堂氛围更加生动活泼，使原本十分枯燥且单一的训练充满乐趣；另一方面又可将学生的学习热情尽可能地释放出来，使学生不仅可以深入理解相关理论，还能尽快掌握相关的运动技能，进而促使整个教学取得十分理想的成效。

3. 结尾阶段的方法创新

对结尾阶段方法的创新同样不容忽视。体育教师在实际开展教学的过程中很好地对结尾阶段的方法进行创新，会为整个教学留下一个美好的结尾，这无疑对学生运动习惯的养成和运动意识的形成都具有十分重要的作用。在体育教学中，结尾阶段在整体教学过程中所起到的作用不容忽视，除了可使学生原本处于不平静状态的身心机能得以迅速恢复，还能为学生后续的深入学习做好准备。对此，体育教师在进行创新时一定要以学生此时所具有的特点以及需求作为指导，大胆对于方法进行创新，以此来保证教学在结尾处可以得到升华。

具体来说，体育教师可以安排一些旋律、节奏都较为舒缓的音乐，再配合一些相对较为轻柔的动作，引导学生的机能状态逐渐趋于平静。除此之外，体育教师还应该尽可能对于结尾时的教学形式进行丰富，可引入瑜伽、太极以及健美操等运动项目的动作，以此来尽可能对于结尾处的内容进行丰富，保证学生的学习兴趣得以激发，确保创新可以实现。

4. 游戏形式的方法创新

游戏法是学校体育教师创新教学方法的重要形式之一。这种方法相对其他类型的教学方法更具娱乐性，可保证学生的热情得到提升，是当下较为理想的教学方法之一。因此，体育教师也应在创新教育理念的指引下对于游戏方式进行适当革新，以此来引导学生在游戏中逐渐健全人格、提升智力、挖掘潜能，进而将体育这一学科所具有的价值极大程度地发挥出来。

体育教师在开展具体教学时一定要注意为学生留有一定的空间，以便学生根据教学实际设计出一些更具趣味性、创新性的游戏，进而增强学生间的竞争性，推动学生更好地实现全面发展。

（二）体育教学方法的组合创新

组合创新教学方法，顺应了现代体育教学方法优化组合的发展趋势。所谓组合创新，主要是指体育教师基于合作学习法来进一步对于教学方法进行完善以及创新。教学方法的组合这一措施实质上是一种对于原有教学方法的创新以及完善。伴随着社会的迅猛发展，体育教学产生了极大的改变，要想保障教学活动的顺利进行，就要基于实际情况对教学方法不断进行创新，以此来确保新的方法不断涌现，体育教学最终收获良好的效果。

第四章 体育教学中的科学化运动训练

第一节 体育运动训练原理及其发展

"高校体育运动训练为强身健体教育的重要组成内容，如何根据不同专业学生的体育运动训练状况，设置层次化、有针对性的教学内容和教育方式，成为校内体育课程关注的重中之重。"①

一、体育运动训练原理

（一）运动训练的运动学基础

运动学基础主要指的是运动技能的基础。所谓的运动技能是指人体在运动中掌握和有效地完成专门动作的能力，也就是在准确的时间和空间里大脑精确支配肌肉收缩的能力。提高运动技能依靠人们对人体机能客观规律的深刻认识和自觉运用。

人在参加运动的过程中，其动力是由骨骼肌不断地运动来提供的，骨骼肌在神经系统支配下，收缩牵动骨骼，维持人体处于某种姿势，或产生人体局部运动，最终促进肌体完成运动所需的各种动作。而人体内脏器官的活动也离不开相应的平滑肌和心肌的作用。

1. 运动过程中人体机能变化的阶段

在运动训练的过程中，多重刺激源作用于运动员肌体，引起各器官系统

---

① 沈文丽. 高校学生体育运动训练效果的影响因素与对策研究 [J]. 河南教育学院学报（自然科学版），2022，31（01）：76.

的机能发生一系列变化。依据机能表现形式，比赛前后身体机能变化的基本过程大致可分为赛前状态、进入工作状态、稳定状态、运动性疲劳和恢复过程五个阶段。

（1）赛前状态

大学生在训练前，某些器官、系统产生的一系列条件反射性变化称为赛前状态。赛前状态可出现在比赛前数天、数小时或数分钟。

（2）进入工作状态

在训练活动开始后，虽然经过了一定的准备活动适应，但是人体并不能立刻达到最好的状态，而是要经历一个逐步适应的过程，这一过程被称为进入工作状态，其实质就是人体机能的动员。

（3）稳定状态

当肌体逐渐适应比赛时，则进入稳定状态。这时，人体的机能活动在一段时间内保持在一个较高的变动范围。

（4）运动性疲劳

肌体在运动过程中会产生运动能力暂时下降的现象，一般称之为运动性疲劳。该现象是由运动训练负荷引起的一种正常的生理现象。适度的疲劳可以刺激机能水平不断提高，但发展到一定程度时就会出现过度疲劳，可能会造成肌体损伤以致损害健康。

（5）恢复过程

恢复是指人体在运动之后，各项生理功能恢复、能源物质补充、代谢物排出等一系列变化。运动时体内代谢过程加强，不间断地代谢以满足运动时能源的补充需要，在运动中及运动停止后能源物质都在不断进行补充和恢复，只不过运动中的能量消耗大于补充，运动后的体内能量消耗慢而小于补充。

2. 运动训练前后的应激性反应阶段

人在运动的过程中，运动训练负荷作为一种刺激，必然会引起各器官系统机能发生一系列应激性反应。在运动训练前后，这些反应可表现为耐受、疲劳、恢复和消退等不同阶段。

（1）耐受阶段

在运动训练开始阶段，人体的各项机能会在一定的水平上维持一段时间，并不会马上表现出衰减或降低，这一阶段称为"耐受阶段"。在这段时间内，由于肌体已经从上次训练课中得到不同程度的恢复，会表现出比较稳定的工作能力，能高质量地完成各项训练任务，而训练的主要任务正是在这个阶段完成的。

（2）疲劳阶段

经过一定时间运动训练负荷的刺激，人体会产生一定的疲劳状况，机能和效率都会逐渐下降。达到某种程度的疲劳深度，正是训练安排所要达到的目的。只有肌体达到一定程度的疲劳，在恢复期才能发生结构与机能的重建，运动能力才能不断得到提高。

（3）恢复阶段

训练结束后，即进入了恢复阶段，肌体开始补充所消耗的能源物质，修复和重建所受到的损伤并恢复紊乱的内环境。肌体在恢复阶段恢复的速率，主要受两方面影响：一方面，身体的耐受阶段持续时间的长短，耐受阶段持续时间越长，则疲劳程度越深，恢复需要的时间就越长；另一方面，运动结束后能量的补充是否及时，能量补充越及时到位，则恢复的速度越快。

（4）消退阶段

超量恢复不会一直持续，它会随着时间的推移而逐渐消失。而如果不及时在超量恢复的基础上施加新的刺激，已经形成的训练效果则可能会逐渐消退。

运动效果保持的时间和消退速率主要取决于超量恢复的程度，所出现的超量恢复现象越明显，保持的时间相对就越长。因此，在安排运动训练的内容时，不仅应重视训练负荷安排的合理性，而且必须重视运动训练后的恢复，并在出现超量恢复后及时安排下一次训练。

3. 运动训练对人体运动系统的影响

经常参加运动训练对人体运动系统有着重要的影响，其影响主要表现在以下三个方面：

（1）运动训练对肌肉的影响

参加运动训练能够充分地发展骨骼肌，使肌纤维增粗，肌肉的体积增大，肌肉力量增加。运动训练能够使肌纤维中线粒体数目增多，肌肉中脂肪减少，从而减少肌肉收缩时的摩擦，即肌内膜、肌束膜、肌腱和韧带中的细胞增殖、增厚、坚实、粗壮；肌肉内化学成分发生变化，如肌糖原、肌球蛋白、肌动蛋白和水分等含量都有增加，从而使 ATP 加速分解，与氧的结合能力增强，有利于肌肉收缩，表现出更大的力量；可使肌肉中毛细血管增多，改善骨骼肌的供血功能。因此，经常参加运动训练的人，肌肉会显得发达、结实、健壮、匀称有力，收缩力强，运动持续时间更长。

（2）运动训练对骨骼的影响

青少年新陈代谢旺盛，在这一时期进行合理的运动训练，对骨骼的生长和发育有着良好的作用。经常参加运动训练，可使骨骼表面的隆起更为显著，骨密质增厚，管状骨增粗。这一系列骨骼形态结构的改变，使骨骼的抗压、抗弯、抗折断和抗扭转等机械性能得到提高。

骨骼的这种良好变化，与肌肉的牵拉作用有密切关系。肌肉力量的增加与骨量的增加有着相关性，且骨量增加部位与肌肉训练部位有关。当肌肉力量增大，肌肉收缩对骨骼产生的应力刺激可有效提高成骨细胞的活性，延缓中老年骨量的流失。

（3）运动训练对关节的影响

定期适量的运动训练可以使骨关节面的密度增加，骨密质增厚，从而越发能够承受更大的运动训练负荷。由于项目不同，运动训练对关节柔韧性所起到的作用也就不同。如乒乓球、羽毛球、篮球等项目，对于大学生的急转、急停能力的要求极高，这就需要大学生拥有良好的关节柔韧性。同时，关节的稳固性和灵活性又是一对矛盾体，因为肌肉力量大，韧带、肌腱、关节囊就会增厚，这对关节稳固性和防止关节损伤有很大好处，但这样又势必会影响关节的灵活性。所以，在进行运动训练时，大学生要处理好这种矛盾。

（二）运动训练的生理学基础

1. 物质代谢

食物中包含多种营养素，人体从食物中摄取各种营养物质，经血液循环输送到各器官，通过相应的代谢为人体提供能量。糖、脂肪和蛋白质等营养物质经人体吸收后，一方面通过人体的组织、细胞合成代谢以构建和更新自身所需储存的能源物质，另一方面通过分解代谢（氧化分解）以产生能量。

2. 能量代谢

在进行不同项目的训练时，大学生应根据自身的年龄、身体条件以及个人需要来选择适合的以能量系统作为主导作用的运动项目，同时还要注意所选择的运动手段和项目的科学化。大学生除了选择有氧氧化系统的项目外，还可以适当选择乳酸能系统供能的项目，发展身体的无氧耐力。

在人体运动过程中，由于运动形式的不同，则其不同的能量代谢系统提供能量的能力和速率也会不同。总的来说，人体在运动过程中，各供能系统之间的关系与运动训练负荷强度和持续时间密切相关。在 $0 \sim 180$ s 最大运动时，各供能代谢系统的基本活动主要表现为如下特点：在 $1 \sim 3$ s 的全力运动中，基本上是由 ATP 提供能量的；在完成 10 s 以内的全力运动时，磷酸原系统起主要供能作用；$30 \sim 90$ s 最大运动时以糖酵解供能为主；$2 \sim 3$ 分钟的运动，糖有氧氧化提供能量的比例增大；而 3 分钟以上的运动，则基本上是有氧氧化供能。

大量的运动实践表明，随着人体运动时间的延长，供能物质由以糖有氧氧化为主逐渐过渡到以脂肪氧化为主。总之，人体在运动中，并不是由一个供能系统完成供能的，在有一个主要的供能系统的基础上，其他的供能系统也会参与其中，共同完成人体运动所需要的能量供应。每个供能系统都有其独特的特点和能力，供能系统不同，所需要的能源物质也不同，运动中的输出功率和供能时间也会有明显的差异。

3. 运动与呼吸

运动员在运动训练的过程中，肌体与外界环境之间的气体交换称为呼吸。呼吸系统包括呼吸道和肺，而呼吸道是一系列呼吸器官的总称，这些器官包括鼻、咽喉、气管、支气管。人体的呼吸过程由外呼吸、内呼吸和气体运输三个环节构成。

呼吸系统是氧运输系统的重要组成部分，其主要机能是实现肌体与外界环境的气体交换，以使血液中的氧分压、二氧化碳分压、酸碱度维持在正常生命活动所允许的范围之内。人体通过肺实现与外界气体的交换，通过血液实现气体的输送和排出。人体在运动时，肌体代谢旺盛，所需氧量及二氧化碳排出量明显增加，呼吸系统工作频率加强，所以运动训练（特别是耐力训练）必将使呼吸系统的形态、机能产生适应的变化。

呼吸肌主要是膈肌和肋间外肌。当膈肌收缩时，腹部随之起伏，肋间外肌收缩时，胸壁随之起伏。因此，以膈肌运动为主的呼吸运动称腹式呼吸，以肋间外肌运动为主的呼吸运动称胸式呼吸。成人的呼吸一般都是混合式的。呼吸形式与年龄、生理状态、运动专项等因素有关。在进行运动训练时，要根据动作的特点灵活转变呼吸方式。

4. 运动与心率

心率是运动生理学中最常用而又简单易测的一项生理指标。在运动实践中，心率常用于反映运动强度和运动训练对人体的影响，并用于运动员的自我监督或医务监督中。成年人静息时心率在每分钟 $60 \sim 100$ 次，平均为每分钟 75 次，但随着年龄、性别、体能水平、训练水平和生理状况的不同，数值也会有所不同。

一般来说，人的心率会随着年龄的增长而有所减慢，至青春期时接近成年人的频率。在成年人中，女性心率比男性心率每分钟快 $3 \sim 5$ 次。有良好训练经历或较好体能者心率较慢，尤其是耐力优秀的运动员静息时心率常在每分钟 50 次以下。在运动的过程中，人的心率会逐渐加快。随着运动强度的增加，心率也会相应地增快，因此，心率也是判断运动训练负荷的一项简易的指标，能够在一定程度上反映运动员的体能水平以及运动训练的水平。

二、体育运动训练的发展

（一）体育运动训练理论发展路径

1. 提出科学问题

提出科学问题是训练理论突破的着力点，它可以拉动运动训练理论研究。运动训练理论研究本质上是揭示理论与实践关系问题的研究。解决训练实践问题，首先要确定问题，在问题的基础上去研究解决问题的理念与方法。中国训练实践的科学问题是运动训练理论研究的逻辑起点，善于和勇于提出训练实践的科学问题，对于运动训练理论创新至关重要，要针对当前运动训练实践中存在的主要问题和主要矛盾。

例如，训练科学化推进与理论整体创新能力不足的矛盾、竞技项目有效训练与构建训练方法体系缺失的矛盾、训练规律预见与相对基础性知识储备不足的矛盾等，这些矛盾隐含着大量的训练规律。因此，对训练实践科学问题产生根源的追寻是极其重要的。运动训练实践科学问题根源可能来自：①训练、竞赛组织的规律性；②训练、竞赛过程结构的规律性；③训练、竞赛环境的规律性；④训练、竞赛非线性的规律性；⑤竞技能力组分协同的规律性；⑥训练方法配置的规律性。

2. 实现自主性创新

运动训练理论是竞技体育发展的重要智力资源，而如果中国竞技体育发展只依靠举国体制理论与实践的引进、模仿则不可能持久，必须把运动成绩增长转移到依靠科学理论与方法的自主性创新上来，选择重点领域实施自主性创新研究，实现跨越发展。

中国运动训练理论研究必须立足自主，充分考虑现有竞技资源与条件，对具有中国模式的训练成功经验进行自主性研究。例如，自主性研究我国长期保持优势竞技项目群背后的规律性、成功要素的结构与特征、成功的基本路径以及原理与机制等；自主性研究我国个别实现突破的竞技项目成功背后的"引进、消化、吸收、创新"的模式；自主性研究竞技体育运动训练中尚未解决的难题，如竞技高峰状态的保持、竞技能力系统发展与训练过程结构合理匹配等科学问题。

3. 重视专项训练理论建设

专项训练理论建设是一般训练理论的基础。运动训练理论在指导运动训练实践时具有整体性性质，这不仅表现在宏观层面的普遍性或普适性上，而且更体现在微观层面针对专项的操作性上。运动训练理论在一般与专项两个层面相互补充、彼此约束，形成一个完整的集合。但是一般与专项运动训练理论在指导运动训练实践过程中显示出鲜明的层次性。

（1）一般运动训练理论从较宏观的、带有一般规律和共性的层面去阐明运动训练理论与方法，而专项运动训练理论则从微观的层面去揭示专项运动训练理论与方法，从而构成从一般到个别的理论体系。

（2）专项运动训练理论建设的不足必然影响到一般运动训练理论对各专项共性规律与方法的提炼，进而影响训练实践指导的效益与质量。

4. 加强研究运动训练理论的复杂性范式

运动训练是一个复杂系统。运动训练理论能否对运动训练的复杂性做出科学的解释和预见，是判断运动训练理论能否适用的重要依据。复杂性研究范式强调的是被研究的系统对象具有鲜明的整体性。运动成绩或竞技能力的整体性是以其构成要素的结构而存在的，构成要素之间是非线性相互作用的关系，不满足要素的加和性。运动成绩或竞技能力整体性具有"涌现"的属性，即运动成绩或竞技能力整体性所具有的特质是构成要素特质所不具有的。

运动训练实践的复杂性迫使运动训练理论研究必须重新选择科学范式。复杂性研究范式为深刻揭示运动成绩和竞技能力提高的复杂机制和行为逻辑提供了可能性，无论是创造优异运动成绩还是提高竞技能力，其整体性都具有"涌现"的属性，这是理解运动成绩和竞技能力一个新的视角。尽管竞技体育训练理论的复杂性研究才刚刚开始，但是，理论研究实际上就是方法研究，训练理论的突破和超越依赖于研究方法论的革命。

（二）体育运动训练的发展趋势

如今，全民健身及可持续发展理念深入人心，受其影响，竞技体育活动也逐步走向科学化、和谐化，现代运动训练发展领域更加宽阔、更加深入，出现了很多有关运动训练的新观念、新思路、新方法、新手段，并包含丰富的现代科技元素。人们不再满足于最初仅仅依照师徒相传的经验训练，而已经深刻地意识到，必须在运动训练实践中应用新思想、新观念、新理论、新科技成果、新方法与手段、新器材仪器，这样才能更快地提高运动员的成绩，提高竞技水平。把握当今运动训练科学化的发展趋势，有利于转换传统的训练观念、训练思路，找出其中存在的问题，达到育人和贯彻夺标竞技体育思想的目标。从近些年的运动训练实践来看，现代运动训练的发展趋势表现在以下五个方面：

1. 运动训练科学化

运动训练科学化就是人们对客观规律正确认识后产生的行为原则、决策理论及方法学原理等，并运用它们组织实施并有效控制运动训练全过程，进而实现训练目标的动态进程。教练员和大学生以科学理论与科学原理为指导，在各方面通力协作下，广泛运用现代科技成果，采用科学的训练方法与手段，对运动训练的全过程实施最佳化控制，以最小的付出取得最佳的训练成效，并创造理想运动成绩。科学化训练的基本内容包括科学选才、科学诊断、理想训练目标与目标模型、科学的训练计划、有效地组织与控制训练活动、科学组织竞赛、训练信息化、良好的训练环境、高效的训练管理等。

2. 运动训练系统化

现代运动训练活动是以竞赛为导向的、以在竞技活动中取得一定的成绩为目的的活动，这是一个系统性的复杂工程。随着现代化发展理念的形成，运动训练活动也逐步重视整个运动训练过程中的系统性安排与策划，从运动训练的实施到运动成果的取得，都离不开系统性的规划与计划，将系统控制思想与理念日渐与运动训练活动融合起来，才能促使现代运动训练逐步走向系统化。而最优化的运动训练则要求运动训练采取最适宜的训练方式方法，对训练的整个过程实行最高效、最低耗的训练组合，实行准确的信息反馈机制，根据运动员的实际情况制订最佳的训练计划，提高运动竞技能力。

3. 运动训练个性化、实战化、程序化

运动训练过程中有许多共性规律可循。由于运动训练的对象是大学生，而世上没有完全相同的个体，有些个体甚至存在较大的差别，在现代训练中，要针对每个大学生的竞技能力结构特点，确立适合于他们个体特点的训练模式，实施个体化训练。现代运动训练正在向个体化训练的方向发展，针对性与个体化已成为必须遵循的原则。根据这一趋势，现代训练十分强调对运动员个体竞技状态和运动状态的诊断、运动员个体训练模式的建立以及针对某一个体训练模式进行有针对性的个体化训练。

运动员保持和提高运动成绩的最好办法就是不间断地进行所练项目比赛时最基本的练习模式。对专项训练来说，一定要强调训练的重复性和训练量

的增加，其间不能穿插其他性质不同的刺激，否则对大学生肌体起一般性和多方面作用的负荷要素转化为运动能力的时间就会变长。运动员在专项运动中所需求的身体素质只能通过自身的专项训练获得，因此，高水平的大学生在进行身体素质练习时应减少辅助练习的种类和数量。

比赛本身（专项训练）是最系统、最完整、最理想的训练内容，专项训练和专项辅助训练是训练内容的核心，以赛代练、以赛促练，赛练结合，从实战出发，是当今运动训练的一个发展趋势。在其他条件不变的情况下，比赛数量的增多毫无疑问地提升了整个训练过程的平均负荷强度。在当前情形下，许多竞技运动项目通常采用降低全年平均训练负荷强度的方法，防止平均负荷强度过高。平常训练强度的相应降低，使全年的训练强度变化的落差增大，这种强度落差可使运动员从那些由于片面强调大强度训练而造成的长期疲劳中解脱出来。

4. 运动训练被现代高科技理论与技术整体渗透

从运动训练角度讲，科学技术对运动训练的作用体现在以下三个方面：

（1）人们不再满足于仅把运动成绩作为衡量训练效果的唯一标准，而是将评价的标准更多地投向训练的效率，即计算投入与产出的比值。这就要求从技术角度加大投入，微观上加强训练过程的监控，宏观上提高运动员成才率，缩短培养过程，延长运动寿命，即以最小的付出获得最大的效益。

（2）运动员的培养是一个系统、复杂和长期的过程。这个过程无论是纵向上的选材阶段、基础训练阶段、专项训练阶段和高水平训练阶段，还是横向上的专项特点、人体生长发育特点、运动员个体差异以及场地和设备条件等因素，都需要高科技理论和技术的支持。

（3）随着运动员竞技水平的提高，肌体各器官、系统的功能及它们间的协作不仅达到了相当高的水平，而且也趋向或接近生理的极限。进入最佳竞技阶段的运动员，竞技能力发展的可塑空间逐渐减少，对训练负荷与手段的要求明显增加，运动成绩增长与运动损伤间的矛盾日趋突出。此时，只有依靠先进的科学理论与技术，才能使运动员各方面的潜能得以充分挖掘，促使运动成绩进一步提高。

5. 运动训练方法与理论在不同领域相互借鉴、移植

多学科的基本理论与方法不同程度地渗透到现代运动训练科学的各个领域，从而使运动训练科学成为一门多学科交叉的综合性科学。任何一个竞技项目在发展进程中都必须与外界进行信息交流，这样不仅可以从其他项目中吸收对自己有用的训练理论与方法，也可把自己科学的训练理论与方法传递给其他的项目。以间歇训练法的推广为例，德国的中长跑教练开创了间歇训练法，后被澳大利亚的教练移植于游泳训练而收效颇丰。之后，间歇训练法又被移植到划船、自行车和速度滑冰等耐力性项目的训练中。

在竞技体育发展史上，对于许多运动项目来说，男子的竞技水平高于女子，男子项目设立的时间也较女子项目早。因此，男子训练的经验为女子训练提供了借鉴的可能，且这一趋势正越来越受到重视。

第二节　体育运动训练计划的制订

一、训练计划制订依据

训练计划是指为了在未来训练过程中，有目的、有组织、有步骤地进行训练而对大学生的某一训练过程或某一训练阶段所做的科学设计。训练计划的制订是教练员为使大学生达到某种目标，在训练前对未来训练过程实施训练工作的一种理论设计。这种理论设计在实践中的作用，主要体现在建立训练过程模型、提出运动训练提纲、发挥过程监督作用、提供结果评价依据。其中，建立训练过程模型着重体现在将多重嵌套的训练过程有机地联系为一个既相互独立又互为衔接的整体，使不同的训练目标、任务、内容、方法、手段、负荷、要求等内容与不同时间跨度的训练过程融入一个直观且系统的网络之中，从而使教练员能够预测未来训练过程的基本变化并掌握运动训练各个因素的发展进程。

制订任何一份训练计划时，都需对训练计划的各项内容提出十分具体的要求，因此，它是教练员在现代运动训练过程中实施训练工作的训练提纲。首先，利用训练计划对现代运动训练过程实施监督与调控，是提高训练效果的重要一环；其次，运用训练计划对现代运动训练过程实施监督与调控，可以将训练过程置于现代运动训练系统的监控之下，可以随时记录有关运动员的各类运动训练的信息，以便为以后训练工作的改进提供科学的依据；最后，训练计划可以帮助教练员评价训练目标与训练结果的差异性，有利于教练员正确认识训练过程的成功经验与失败教训，有利于教练员科学地调整训练计划并纠正训练过程中的偏差，使训练结果科学地逼近训练计划的目标。显然，科学制订训练计划的意义重大。运动训练计划制订依据有以下四点：

（一）运动训练和运动参赛工程结构

训练工程结构由训练工程规划、训练工程实施、训练工程监控三大环节构成。参赛工程结构主要由赛前竞技策划、赛中竞技实战和赛后竞技评价三大环节构成。从工程角度分析，优异运动成绩的创造就是训练工程与参赛工程综合作用的工程竣工标志，因此，必须按照工程设计、实施和监控的流程做好训练计划的设计工作。训练计划是训练工程设计的主要内容，做好训练工程的设计有助于提高训练工程实施质量、强化训练工程监控功能，从而达到建立训练过程模型、提出运动训练纲领、发挥过程监督作用、提供结果评价依据的目的，进而将专项运动发展始终置于过程有规划、实施有依据、全程有监控的工程构建模式之中。

（二）训练工程分期和训练过程分期理论

现代竞技运动的发展历史证明，优异成绩的获取和优秀大学生运动员的成长是一个内容复杂、周期较长的系统工程，从过程时间序列角度看，整个训练过程可以分解为单元训练（课）、日训练、周训练、阶段训练、周期训练、年度训练、多年训练等不同时间跨度的训练过程。其中，每前一个过程都嵌套在后一个过程之中，每后一个过程都是若干前一个过程的有机串联。从工程工期序列角度看，整个运动训练工程中的兴趣启蒙训练、专项初级训练、专项提高训练、创造成绩训练、保持运动寿命五个训练时期，就是不同的训练工期。其中，每一工期又可分为不同时段的子期。可见，训练工程分期和训练过程分期理论，是科学制订和实施不同训练计划的重要依据。

（三） 竞赛中竞技状态形成的机理

竞技状态是指运动员适时获取理想成绩的最佳状态。竞技状态表现的显著特征就是竞技能力的和谐和优异成绩的突破。竞技能力是竞技状态的基础条件，竞技状态是竞技能力的和谐体现。竞技状态的形成机理主要是超量恢复原理和重大赛事制度安排。因此，竞技状态呈周期变化。竞技状态从获得到保持再到消退这一过程，都是周而复始循环往复地螺旋式提升。由于运动超量恢复的效果取决于负荷与恢复的作用，重大赛事制度的安排取决于赛程和规则的设计，因此，竞技能力发展进程、竞技状态出现时机与训练计划科学设计和科学实施休戚相关。由此可见，竞技状态形成机理或呈现机制，是正确制订和实施不同类型训练计划的重要原理。

（四） 对竞技运动竞赛规则的把握

竞技运动竞赛规则是保障竞技运动训练工作符合竞技比赛要求的准则，是构建完善的竞技运动工程体系的依据——没有运动竞赛规则，竞技运动无从谈起，运动训练毫无意义。竞技运动竞赛规则的各项条款、具体内容、规则思想，不仅规定着竞赛过程的走向，而且指引着运动训练的方向。其中，竞赛规则蕴藏的竞技制胜综合规律、主导规律、突前规律、更迭规律是确定运动训练指导思想的重要依据。制胜规律主要由两个方面组成，即制胜基本因素及其相互关系。首先必须深刻认识制胜因素，其次必须充分认识内在关系。由此可见，对蕴藏在竞赛规则中的制胜规律的认识和把握，是制订运动训练计划的理论前提。

二、训练计划类型特点

由于运动训练工程的工期划分、训练过程的分期和多年训练过程的细化，运动训练计划的种类相应地可以分为单元训练（课）计划、周训练计划、阶段训练计划、周期训练计划、年度训练计划、多年训练计划六种计划。其中，前一种训练计划都是依据后一种训练计划的任务和时间划分而定的。例如：一个阶段的训练计划既是周期训练计划的组成部分，也是小周期训练计划制订的依据。六种训练计划的特点并不相同，一般认为，多年训练计划具有框架、稳定和远景性的特点。因此，具有训练工程规划设计特征。阶段训练计划、小周期训练计划，特别是单元训练计划（训练课教案），则具有现实、具体和多变性特点。不同工期或时期的训练计划具有不同任务、内容、功能与目的的特点。

（一）多年训练计划特点

多年训练计划是指教练员根据多年训练过程或奥运（全运）周期的时间跨度，对这一训练过程（工程）所做的科学规划。通常，围绕奥运或全运目标的四年训练计划又可称为奥运周期或全运周期计划。多年训练计划具有鲜明的框架式、远景式、稳定式的特点。多年训练计划可分为全程性和区间性两类：全程性多年训练计划是指对启蒙阶段伊始直到运动寿命结束的整个过程所做出的训练规划；区间性多年训练计划是指对两年以上的某一特定训练过程所做出的训练规划。

多年训练计划主要栏目有总体目标、大学生的基本情况、全程阶段划分、年度目标、各年训练任务、全程负荷趋势等。其中，总体目标、年度目标是多年训练计划设计要点。

（二）年度训练计划特点

年度训练计划是多年训练计划的组成部分，也是多年训练计划细化的计划文本，同时也是周期训练计划制订的依据。年度计划又称全年训练计划，是对运动队或某一运动员年度训练过程所做出的科学设计，主要用于专项提高训练阶段、创造成绩训练阶段和保持运动寿命阶段的过程设计。由于竞技水平的提高、商业赛事的安排、竞赛制度的改革，优秀选手年度训练计划的制订方式逐渐由单、双周期向多周期结构的转变。年度训练计划主要栏目有训练目标、队员状态分析、训练过程划分、阶段任务、过程检查指标、运动负荷趋势、基本措施要求。其中，训练目标、过程分期、阶段任务、检查指标、负荷趋势是设计要点。

（三）周期训练计划特点

周期训练计划往往蕴藏在年度训练计划之中，如有必要可以单列一份周期训练计划。年度训练过程中，通常根据年度重大赛事数量规定训练周期的数量。由于竞技状态的表现总是周期性地呈现形成、稳定、衰退的变化特点，因此，任何训练周期的过程必须划分三个阶段，即准备、竞赛、过渡阶段，又称准备期、竞赛期、过渡期。即使年度训练过程的多周期计划也应反映这种特点。通常，周期训练计划的主要栏目有周期目标、队员状态分析、周期划分、训练内容、主要训练方法、过程检查指标、负荷变化趋势、基本措施要求等。其中，周期目标、周期划分、阶段任务、训练内容和检测指标是设计要点。

（四）阶段训练计划特点

阶段训练计划是指对某一周期中特定训练阶段所做出的设计。通常，阶段训练计划的时间跨度为0.5到3个月，当然，针对不同季节或重大赛事之前所做的计划，也可称为阶段训练计划。阶段训练计划可分为两种类型：一种是系统训练过程的一个有机组成部分的计划，往往具有系统性、连续性特点；另一种是短期临时集训的计划，往往具有临时性、独立性特点。阶段训练计划的主要栏目有阶段训练任务、队员状态分析、阶段过程划分、阶段训练内容、主要训练手段、阶段检查指标、负荷变化趋势、基本措施要求等。阶段训练是周期训练计划的细化，内容较为具体。

（五）小周训练计划特点

小周训练计划是训练计划中重要的计划种类。小周训练计划的特点是训练任务具体、训练内容清晰、训练方法明确、负荷指标定量，并具有重复性和节奏性特征。因此，小周训练计划科学与否，是能否落实年度、周期和阶段计划的关键。通常，小周训练计划的主要栏目由训练任务、内容、方法、手段、负荷指标等具体内容组成，过程划分是以课为基本单位，循环链为基本结构，制订小周计划的依据是阶段计划、现实状况、小周训练类型等。

三、训练计划制订内容

训练计划制订内容往往因训练计划类型不同而有所增减或详略。一般地说，训练计划制订内容主要由十个方面组成，分别是计划名称、训练目标、现实状况、过程分期、训练内容、训练方法、检测项目、运动负荷、措施要求和责任签标。现以年度训练计划和阶段训练计划为例详细介绍具体内容。由于现代运动训练计划的设计格式多为图表式，因此必须注意图表的平面几何设计要求。通常，X 方向为时间轴，Y 方向为内容轴。训练计划内容轴的内容，应该随着时间轴的时间序列逐渐精细化、变异化和综合化。其中，竞技能力的训练逐渐转入竞技状态的调试。训练计划的名称必须明确，通常主要包括单位、运动员性别、运动级别、运动项目名称、训练计划使用的时间。

（一）训练任务与目标

训练任务与目标是训练计划中的主要项目，此栏内容可阐述此阶段的训练指导思想。训练任务多定性、抽象性地撰写，训练目标则应定量、具体性地体现。训练任务是训练目标确定的指南，训练目标是训练任务具体的表述。通常，训练目标分为三类，即比赛成绩目标、成绩相关指标和训练过程指标。其中，成绩相关指标主要是指与比赛成绩目标密切相关的竞技能力指标。换言之，只有运动成绩相关指标达到既定要求，运动成绩目标才有可能实现；训练过程指标是指训练过程影响运动成绩提高的高度相关指标。训练过程指标通常表现为二维特征，即内容维和时序维。训练过程指标的表达是定量化数字，训练过程指标主要是指与运动成绩的递增高度相关的各项竞技能力发展指标。

（二）现实状态基本诊断

现实状态基本诊断是教练员对本队和基于现实情况分析的结论，是教练员科学制订训练目标（比赛成绩目标与比赛名次目标）、运动成绩相关指标、运动训练过程指标和阶段训练任务的主要依据。现实状态基本诊断的内容主要为生理机能、专项素质、运动技术、运动战术、运动心理、运动智力等。一般来说，基础训练阶段训练计划关注的现实状态诊断内容主要是生理机能、运动素质和运动技术，训练的重点也是这些方面的内容；高级训练阶段训练计划关注的现实诊断内容主要是运动战术、运动心理和运动智力。当然，体能类项群主要关注体能诊断的内容；技能类项群除了关注体能诊断内容，更多地关注技能和心智的内容，甚至包括对手的基本情况、技术风格或战术打法等。

（三）训练方法与手段

体育运动训练方法与手段是指导教练员和运动员为完成训练任务，达到提高运动成绩的目的而采用的途径和办法。体育训练方法是教练员执教的工具，体育训练手段是运动员训练的身体练习方法。体育训练方法共有两大类，即运动训练的操作方法和运动训练的控制方法。运动训练的操作方法通常是指训练现场实际指导和教练的方法；运动训练的控制方法通常是指运动训练工程实施的控制方法。前者主要解决的是具体的现实问题，后者主要解决的是工程的控制问题。运动训练操作方法主要是分解、完整、重复、间歇、持续、变换、循环、比赛训练法等；运动训练控制方法主要是模式、程序、微机辅训法等。当然，在实践中，针对不同的具体问题还有相应的训练方法，如心理训练的音乐调整法、语言暗示法等，智力训练的正误对比法、引进植移法等。立定五级蛙跳、后蹬跑等身体练习则是练习手段。

（四）设置检查性比赛测验

检查性比赛测验是为了检查训练效果，科学调控训练过程，纠正训练中的偏态。设置检查性比赛测验一栏是现代运动训练计划的重要标志，也是体育训练工程科学设计和实施的主要特征，更是体育训练实施过程科学监控的主要依据。检查性比赛测验主要是指采用比赛方式测验运动员的各种竞技能力指标或竞技状态指标，这些指标可以是单因素或多因素的，但是它们必须与专项运动成绩及其发展指标高度相关。一般情况下，训练计划目标中的过程指标就是检查性比赛测验需要检查的达标指标。按照竞技能力类别的划分，这些测验指标可以是体能类、技能类或心智类的指标。因此，应该高度重视检查性比赛测验的项目设置、检查方法等。

（五）运动负荷的安排说明

现代运动项目时间跨度的训练计划，负荷指标通常用外部负荷指标表示。运动负荷的安排体现运动强度与运动量度的搭配关系。阶段以上训练计划的负荷安排通常采用强度曲线、量度曲线以及竞技状态曲线表达，主要用来说明负荷强度、量度安排的趋势。

（六）运动训练措施的要求

训练计划得以实现必不可少的保证是训练计划中的基本要求与措施，包括对训练设施的要求，对训练经费的要求，对外出比赛地点及次数的要求，对大学生思想、作风、纪律的要求，对教练员诸方面的要求，对教练员的分工和医务监督的要求，对比赛对手情报收集的要求等；同时，还应考虑意外事故发生的应变措施。值得指出的是，训练计划也是一份具有合同效应的文本。为了完成规定任务，教练员必须提出解决现实问题的具体措施。训练计划一旦审议通过，主教练、领队、主管部门负责人都要在责任签标栏中签署本人姓名，以示负责。训练计划责任签标的署名，可使各方深刻认识各自的职责，以便各司其职。

第三节 体育运动科学化训练的策略

一、提高教师自身的综合素养

在体育运动训练活动中，体育教师扮演着引导者和组织者这一重要角色。体育教师个人综合素质的高低对于体育运动训练活动开展的效果起着至关重要的作用。因此，高校有必要加强教师综合素质与能力的培养，争取建设一支专业素质高、综合能力强的教师队伍，来支持高校体育运动训练活动的开展。就具体的操作措施而言，对外，高校应该坚持教练员的招聘制度，坚持对于教练员专业素质以及教学能力的高水平要求；对内，高校应该加强并有计划地展开对于在校教师的培训，以使他们能够满足当下的教学要求。只有采取这样一个开放的人才措施，高校的体育教师队伍才能得到更好的优化。除此之外，高校还应该积极引入竞争与淘汰机制，通过优胜劣汰的方法使教师产生危机感，以激励教师自觉强化自身的综合素质与教学能力。

二、加强学生体育精神的培养

体育运动训练是一个长期的过程，需要循序渐进、持之以恒，更需要有良好的体育精神来支撑。体育精神主要包括体育信念、体育情操等，运动员在进行体育运动训练的过程中所表现出来的顽强拼搏、坚韧不屈、团结协作、公平公正等精神都是一种体育精神。这些体育精神直接影响着体育运动训练的效果，需要在体育运动训练的过程中进行逐步培养。所以，教师在进行体育运动训练活动时，不仅要对学生的技术动作进行点评指导，还要积极地加强对于学生体育精神的培养，将心理训练内容巧妙地融入教学过程中，引导学生深刻领悟体育精神，使学生能够始终以良好的心理状态参加体育运动训练，从而有效地提升体育运动训练的成果。

三、加强体育设施设备的完善

充足完善的设施与设备能够为高校体育运动训练活动的顺利开展提供重要的硬件保障，同时它们也是影响学生运动损伤发生概率的重要因素。因此，高校应该积极落实体育运动训练设施设备的建设与完善工作，积极地购置更多种类的体育器材，对已经损坏的体育运动训练设施要进行及时的维修，对于已经陈旧的设施器材要做好更新与维护工作。除此之外，还可以鼓励学生积极地参与到场地设施的修缮工作之中，使学生能够在教师的带领下，对体育运动训练场地进行整改，并对体育训练设施设备进行检修。另外，干净平整、硬度适宜的训练场地对于学生的训练效果与训练安全都十分重要。因此，教师在体育运动训练过程中，应该尽可能地选择干净平整、软硬适中的场地，以避免学生出现摔伤、跌伤等运动损伤，从而为高校体育运动训练活动的开展提供良好的安全保障。

四、优化体育运动训练方法

由于成长环境、身体素质、性格特征、家庭背景等因素的影响，高校大学生在体育运动训练中，往往会表现出明显的差异性。因此，高校体育教师应该坚持通过因材施教的方法进行教学，体育教师需要先对学生的兴趣爱好、身体素质、学习能力等情况进行全面调查与分析，然后以此为依据，有针对性地设计体育运动训练活动方案，以尽可能地发挥每一名学生的体育运动潜力，争取实现所有学生的个性化发展。另外，高校大学生往往已经具有较强的自我意识和竞争意识，因此，教师可以积极开展具有较强竞技性的体育训练活动，这类活动可以让大学生在紧张的氛围中更加容易感受到体育运动的魅力，从而促使他们迸发出更大的训练激情，进而使他们在竞技性运动训练中，逐渐形成良好的体育品质与运动习惯，实现综合素质的提升。

五、加强体育运动训练的管理

开展高校体育运动训练活动需要好的管理来保障。就体育训练管理而言，高校应该双管齐下，从教师和学生两个方面入手：

第一，加强对学生的管理。除了要注重其体育运动训练之外，还应该加强对其文化知识教育的重视，实现文化教育与运动训练的平衡，既要提升学生的体育专项技能水平，又要努力提升学生的文化修养，只有这样学生才能全面发展，成为新时代的综合型人才。

第二，加强对体育教师的管理。高校应该通过多种方法来引导教师明确自身的教育训练职责，应该加强对教师招聘制度的完善，进一步完善教师引入标准，加强对高校体育运动训练师资队伍的优化，这样才能有效改善体育训练的效果。

第四节　体育运动的素质训练实践分析

一、高校体育的力量素质训练

（一）力量训练的主要方法

1. 发展最大力量

（1）巴罗加式极限强度负重训练法

巴罗加式极限强度负重训练法主要是通过极限强度负荷提高对机体神经系统的刺激，它适用于高水平运动员的力量训练，有利于提高运动员的相对力量。巴罗加提出了四种不同的负重训练方式，每种方式以训练课为单位进行变化，训练方式的选择主要取决于运动员的练习效果。

（2）阶梯式极限强度负重法（保加利亚循序渐进训练法）

阶梯式极限强度负重法主要用于精英运动员的最大力量训练，目前，极限强度负重法已被举重运动发达国家广泛应用。阶梯式极限强度负重法突出强度，几乎每天训练者都要达到或接近甚至超过当天的最高水平，然后减掉10公斤继续训练两组，再减掉10公斤训练两组。即开始增重到当天最大重量，再递减重量。

（3）静力性训练法

静力性训练法曾被广泛应用，后来逐渐减少，静力收缩对肌肉耐力作用效果不明显，但对发展最大力量有积极的作用。静力性训练有三种方式：①在某一关节角度，承受高于运动员本人潜力的重量；②针对特制的固定物用力推、顶、拉；③一侧肢体用力，另一侧肢体相抵。

进行静力性最大力量的训练时，优秀运动员的训练强度为最大力量的80%~100%，收缩持续最长时间为12 s。初学者和未经过专门训练的运动员应以较小的刺激强度和6~9 s的持续收缩时间进行练习。此外，停止静力性力量训练后，经训练所获得的最大肌肉力量大约在30周以内完全消失。若每

6 周进行一次训练，肌力下降趋势缓慢，需 60 周以后才会完全消失。

（4）电刺激力量训练法

电刺激力量训练法是一种新的非负荷性的最大力量训练方法。用这种方法两周后，可增加肌力 20% 左右，尤其在训练后紧接着进行电刺激，效果更好。

在高校体育教学过程中，体育教师可以引导并鼓励学生使用核心力量训练的基础方法，让学生在进行核心力量训练的过程中，切实体验到核心力量训练对于增强身体素质、增强体育运动技能的重要作用，以增加学生对核心力量训练的兴趣与认同感，促使他们积极主动地参与到体育运动中，并将核心力量训练运用于体育运动实践中。

2. 发展速度力量

速度力量的决定因素是肌肉收缩速度。许多运动项目都是在快速节奏或爆发用力的情况下完成的。

（1）爆发力的训练

"从现阶段的学生现状来看，很多学生了解体育运动的重要性，并且也了解到体育项目的益处，但是往往会因为各种原因变得很怠惰，身体素质明显下降，缺乏运动的爆发力。"① 因此，现在的学生需要加强对爆发力的训练。爆发强度是在短时间内以最大加速度克服阻力的能力。打击的力量由参与活动的所有肌肉群的联合动作决定。爆发强度是决定速度力大小的因素，爆发力的增加取决于最大能量水平的发展。如果没有充分发挥最大爆发力，爆发力也不会达到很高的水平。因此，爆发力训练方法适合爆发力发展，爆发力训练的一个重要方面是训练中使用的主要冲动，这与进行的锻炼类型和力量大小密切相关。例如在跑步时，运动员的腿部力量冲动是其体重的 3.5 倍。因此，爆发力训练的主要动机是加速，在非间歇运动（例如跳远、投掷）中，爆发力是取得好成绩的关键因素；在间歇性事件（例如快速运行）的情况下，爆发会快速重复。因此，应根据每个项目的特点制定爆发力。

---

① 陈雷，冯晓红，曹剑锋. 高校体育运动爆发力训练方法探析［J］. 当代体育科技，2017，7（18）：56.

大多数发展爆发力的方法都涉及快速努力和等长练习。快速加载方法由两种训练模式组成，具体如下：

第一，中等强度速度力量法。中等强度速度力量法的特点是70%~85%强度，最大速度训练4~6组，每组重复3~6次，这种方法对提高肌肉力量的爆发效率极为有效。在田径、体操、击剑、水肺潜水和所有分体式运动（如排球）的投掷和跳跃中，爆发的力量直接影响运动表现。因此，这种方法可用于提高爆发力，也可以安排不那么剧烈但速度较快的运动。

第二，快速低强度力量法。快速低强度力量法的特点是采用30%~60%的强度，3~6组练习，每组5~10次，使爆发力训练有针对性的发展。

快速加载方法对于培养运动员的速度感知和传播快速运动反应非常有用。等长训练法，又称超长训练法，实际上是一种将撤退训练和约束训练相结合的训练方法。在超等长运动中，肌肉会愿意先工作，肌肉会拉伸很多，训练的目的是将纯粹的能量转化为爆发性的能量。生理机制是当肌肉以收缩方式工作时的拉伸反射。肌肉被拉伸到超出其自然长度，就会产生伸长反射，产生更有效的收缩以形成有效的作用。发展爆发力的等距练习方法和内容，包括纵跳、蛙跳、连续步等各种跳跃练习，包括跳过围栏、多级跳跃、全速跳跃等练习，可以根据每个运动员的具体训练要求和条件进行选择。

（2）反应力的训练

反应力是指运动中的人体快速制动并以很大加速度向相反方向运动的能力。当人体运动时，肌肉链会减慢人体运动的速度，这导致反射性拉伸。在非标准的威慑距离下，活动肌肉被拉伸，肌肉在加速路径中迅速收缩和缩短。因此，收缩反应模式是主动肌肉伸展和收缩循环的一种形式。

反应力有两种主要类型：一种是以跳跃为主的弹跳反应力；另一种是以击打、鞭打、踢踹为主的击打反应力。两种收缩形式的区别在于各种刺激之间的关系。在典型的深度跳跃响应模型中，伸展是因为正在减慢向下运动的身体受到重力的推动，人们通常将其称为等长运动。肌肉拉伸是由相反肌肉的力量引起的，这种拉伸的肌肉不起作用，因此伸展和收缩的循环比深跳要慢得多。

（二）力量训练的基本内容

1. 肩部力量训练

（1）胸前推举

胸前推举的方法：两手持铃将杠铃翻起至胸部，然后立刻上推过头顶，再屈臂将杠铃放下置于胸部，再上推过头顶，反复练习。

胸前推举的作用：主要发展三角肌侧前部肌肉，以及斜方肌、前锯肌、肱三头肌力量。

（2）颈后推举

颈后推举的方法：站直，打开肩膀向后举起杠铃，然后将杠铃滑到脖子后面，直到手臂伸直，重复这个过程；可以在锻炼时坐着，或者使用宽握或紧握。

颈后推举的作用：基本同胸前推举。

（3）翻铃坐推

翻铃坐推的方法：同时握住身体前方的杠铃，降低胸部，将杠铃稍微举过头顶，然后轻轻地降低脖子后面的杠铃，接着将杠铃从脖子后面、头后面往上推，最后慢慢推到身体前方的下胸位置。

翻铃坐推的作用：主要发展三角肌群和斜方肌力量。

（4）两臂前上举

两臂前上举的方法：两手正握杠铃，与肩同宽，向上提起杠铃至头顶高举，上举时肘关节外展，杠铃始终保持在距脸部 30 cm 处。

两臂前上举的作用：主要发展三角肌侧部力量。

（5）直臂前上举

直臂前上举的方法：两脚自然分开，身体直立，两臂下垂同肩宽持铃，直臂向上举起杠铃，也可用哑铃或杠铃片进行练习。

直臂前上举的作用：主要发展三角肌前部、斜方肌、前锯肌、胸大肌力量。

（6）持铃侧上举

持铃侧上举的方法：两脚分开，自然站立，两手持哑铃（或杠铃片）置于肩部，上举过头后，两臂慢慢展开，掌心向下成侧平举。

持铃侧上举的作用：主要发展三角肌前侧部及斜方肌、前锯肌力量。

（7）快推

快推的方法：两脚左右开立，两手持哑铃置于肩部，两手交替快速向上推举或同时上推。

快推的作用：主要发展三角肌、斜方肌力量。

（8）直臂绕环

直臂绕环的方法：身体直立，两臂下垂持哑铃或杠铃片，做胸前直臂绕环，也可做仰卧直臂绕环。

直臂绕环的作用：主要发展肩关节周围肌肉力量。

2. 臂部力量训练

（1）上臂力量训练

第一，颈后臂屈伸。

颈后臂屈伸的方法：身体直立，两臂上举反握杠铃（也可正握，但反握比正握效果好），握距同肩宽，做颈后臂屈伸动作。

颈后臂屈伸的作用：主要发展肱三头肌力量。

第二，颈后伸臂。

颈后伸臂的方法：一腿在后直立，一腿在前。两手各握拉力器一端置于颈后，两肘外展，两臂用力前伸使两臂伸直。

颈后伸臂的作用：主要发展肱三头肌上部和外侧部力量。

第三，弯举。

弯举的方法：身体直立，反握杠铃，握距同肩宽，屈前臂将杠铃举至胸前。可坐着练习，也可用哑铃等器械练习。

弯举的作用：主要发展肱二头肌、肱肌、肱桡肌等力量。此外，也可采用仰卧弯举、肘固定弯举、斜板哑铃弯举等方法进行练习。

第四，双臂屈伸。

双臂屈伸的方法：不负重或脚上挂重物，捆上沙护腿、穿上沙衣等，在间距较窄的双杠上做双臂屈伸。

双臂屈伸的作用：主要发展肱三头肌、胸大肌、背阔肌力量。

（2）前臂力量训练

前臂力量训练主要采用少组数（3~5组），多次数（16次以上），组与组之间间歇很短的练习方法。

第一，腕屈伸。

腕屈伸的方法：身体直立，两手反握或正握杠铃做腕屈伸，前臂固定在膝或凳子上，腕屈伸至最高点，稍停顿，再还原。

腕屈伸的作用：主要发展手腕和前臂屈手肌群和伸手肌群力量。

第二，旋腕练习。

旋腕练习的方法：身体直立，两臂前平举，反握或正握横杠，用屈腕和伸腕力量卷起重物。

旋腕练习的作用：主要发展前臂屈手肌群和伸手肌群力量。

3. 胸部力量训练

（1）颈上卧推

颈上卧推的方法：仰卧于卧推架上，可采用宽、中、窄三种握距，手持杠铃或哑铃，先屈臂将其放于颈根部，两肘尽量外展，将杠铃推起至两臂完全伸直。

颈上卧推的作用：主要发展胸大肌上部、肱三头肌和三角肌力量。

（2）斜板卧推

斜板卧推的方法：仰卧在倾斜的板上，慢慢将杠铃降低到胸部中央，保持肘部与身体呈90°角，然后快速有力地举起杠铃，最后以恒定的节奏重复练习，这个动作可以用哑铃练习。

斜板卧推的作用：主要发展胸大肌下部、肱三头肌和三角肌力量。

（3）仰卧扩胸（飞鸟）

仰卧扩胸的方法：仰卧在练习凳上，两手各执一哑铃做向体侧放低与上举动作，可稍屈肘，充分扩胸；上举时臂伸直。

仰卧扩胸的作用：主要发展胸大肌、三角肌和前锯肌力量。

（4）直臂扩胸

直臂扩胸的方法：身体直立，两手各持一个哑铃或杠铃片，先直臂向胸前与肩关节成水平位置举起，然后直臂向两侧充分扩胸。

直臂扩胸的作用：向前主要发展胸大肌、三角肌前部和前锯肌力量；向后主要发展背阔肌、三角肌后部和斜方肌力量。

（5）直臂侧下压

直臂侧下压的方法：两臂侧上举各握住一个拉力器，然后用胸大肌和背阔肌力量做直臂侧下压，反复练习。

直臂侧下压的作用：主要发展胸大肌、背阔肌力量。

（6）宽撑双杠

宽撑双杠的方法：降低下颌，弯曲背部，脚趾向前，双手放在一个宽大的平行杠上，看着脚趾，弯曲手臂以降低身体，然后将双臂向两侧展开以支撑身体，弯曲手臂，尽量降低自己。

宽撑双杠的作用：主要发展胸大肌下部、外部肌肉，以及肱三头肌、三角肌、前锯肌力量。

（7）俯卧撑

俯卧撑的方法：在平坦的地板或腹肌上做俯卧撑，双臂分开与肩同宽，然后弯曲手臂，将躯干降到最低，伸出双臂支撑身体，伸展手臂时挤压肘部，并向上和向下伸直身体。

俯卧撑的作用：主要发展胸大肌、肱三头肌、三角肌及前锯肌力量。

4. 腹部力量训练

（1）仰卧起坐

仰卧起坐的方法：仰卧凳或斜板上，两足固定，两手抱头，然后屈上体坐起，再还原，反复进行。

仰卧起坐的作用：主要发展腹直肌、髂腰肌力量。

（2）半仰卧起坐

半仰卧起坐的方法：躺在地板上，双手握住哑铃放在脑后，当弯曲膝盖时，上半身向前向上滚动。练习时，请记住，上半身抬起时，下背部和臀部不能抬离地板或长凳，深吸一口气，放松并呼气，两次收缩之间暂停 2 s，还可以将重量放在上胸部以进行更多训练。

半仰卧起坐的作用：主要发展腹直肌上部力量。

（3）蛙式仰卧起坐

蛙式仰卧起坐的方法：仰卧垫上，两脚掌靠拢，两膝分开，两手置头后，向上抬头，使腹肌处于紧张收缩状态，2 s后还原，重新开始。

蛙式仰卧起坐的作用：主要发展腹直肌力量。

（4）仰卧举腿

仰卧举腿的方法：卧仰在斜板上，两手置于身体两侧握住斜板，然后两腿伸直或稍屈向上举至垂直。

仰卧举腿的作用：主要发展腹直肌、髂腰肌力量。

（5）悬垂举腿

悬垂举腿的方法：两手同肩宽，上举握住单杠，身体悬垂，然后两腿伸直或稍屈向上举至水平位置，反复练习。

悬垂举腿的作用：同仰卧举腿。

（6）仰卧侧提腿

仰卧侧提腿的方法：仰卧垫上，然后侧提右膝碰右肘，触肘后停1 s。然后侧提左膝碰左肘，反复练习。

仰卧侧提腿的作用：主要发展腹内外斜肌力量。

（7）屈膝举腿

屈膝举腿的方法：屈膝，两踝交叉，两掌心朝下放在臀侧，仰卧垫上，然后朝胸的方向举腿，直到两膝收至胸上方，还原后重新开始。

屈膝举腿的作用：主要发展腹直肌下部力量。

（8）举腿绕环

举腿绕环的方法：背靠肋木，两手上举正握肋木悬垂，两腿并拢向左右两侧轮换举腿绕环，反复进行。

举腿绕环的作用：主要发展腹直肌、腹内外斜肌力量。

5. 背部力量训练

（1）高翻

高翻的方法：两脚站距约同肩宽，双手正握杠铃，握距同肩宽，将杠铃提起至大腿中下部迅速发力，翻举至胸部，还原后再反复练习。

高翻的作用：主要发展背阔肌、斜方肌、骶棘肌力量。

（2）持铃耸肩

持铃耸肩的方法：身体直立，正握杠铃，然后以肩部斜方肌的收缩力使两肩胛向上耸起（肩峰几乎触及耳朵），直至不能再高时为止。

持铃耸肩的作用：主要发展斜方肌力量。

（3）俯立划船

俯立划船的方法：上体前屈90°，抬头，正握杠铃，然后两臂从垂直姿势开始，屈臂将杠铃拉近小腹后还原，再重新开始。

俯立划船的作用：主要发展背阔肌上中部以及斜方肌、三角肌力量。

（4）俯卧上拉

俯卧上拉的方法：俯卧练习凳上，两臂悬空持杠铃，两臂同时将杠铃向上提起，稍停，再还原，反复进行。

俯卧上拉的作用：主要发展背阔肌、斜方肌、三角肌力量。

（5）直腿硬拉

直腿硬拉的方法：直腿站立，躯干向前弯曲，腰部挺直，手臂伸直，用宽握或窄握握住杠铃，然后伸直臀部，挺直身体，举起杠铃，直到身体伸直。重新开始后，每组训练2~5次。

直腿硬拉的作用：主要发展背阔肌、斜方肌、臀大肌以及股二头肌、半腱肌、半膜肌、大收肌等伸展躯干和伸髋的肌肉力量。

（6）颈后宽引体向上

颈后宽引体向上的方法：宽握距正握横杠悬空，然后迅猛地将身体拉起，直到颈背部高过横杠，反复练习。

颈后宽引体向上的作用：主要发展背阔肌、斜方肌、冈下肌、小圆肌、大圆肌、肱肌力量。

（7）直臂前下压

直臂前下压的方法：与直臂前上举相反，两臂前上举握住拉力器，做直臂前下压，反复练习。

直臂前下压的作用：主要发展背阔肌、三角肌后部及胸大肌力量。

6. 腰部力量训练

（1）山羊挺身

山羊挺身的方法：仰卧躺在山羊（或马）上，双脚弯曲在肋骨之间。用手将杠铃或杠铃锁在脖子后面。身体前倾并站立，也可以仰卧在长凳上，双腿锁定以保持直立姿势。

山羊挺身的作用：主要发展伸展躯干和伸髋的肌肉力量。

（2）负重弓身

负重弓身的方法：双手握住杠铃放在颈后，站直，双脚分开与肩同宽，腰和腿向上伸展，慢慢向前倾斜上半身，向后摆动臀部（像弓一样）以保持躯干高度，然后伸直身体，可以伸直双腿或将双腿弯曲成弓形。

负重弓身的作用：主要发展骶棘肌、斜方肌、臀大肌、股二头肌、半腱肌、半膜肌、大收肌力量。

（3）负重体侧屈

负重体侧屈的方法：身体直立，两腿开立约与肩宽，肩负杠铃做左右体侧屈。练习时速度不宜太快，反复进行。

负重体侧屈的作用：主要发展骶棘肌、斜方肌、臀大肌、股二头肌、半腱肌、半膜肌、大收肌力量。

（4）俯卧两头起

俯卧两头起的方法：俯卧在垫子或长凳上，两臂前伸，两腿并拢伸直，两臂和两腿同时向上抬起，腹部与坐垫成背弓状，然后积极还原。

俯卧两头起的作用：主要发展伸展躯干和伸髋的肌肉力量。

7. 腿部力量训练

（1）颈后深蹲

颈后深蹲的方法：上体正直，挺胸别腰，抬头，两手握杠将杠铃置于颈后肩上。做动作时保持腰背挺直，抬头收腹，平稳屈膝下蹲。

颈后深蹲的作用：除主要发展股四头肌、股二头肌、臀大肌力量外，还能有效地发展伸髋肌群力量。

（2）胸前深蹲

胸前深蹲的方法：上体正直，挺胸别腰，抬头，两手握杠将杠铃放置于两肩胛和锁骨上，平稳屈膝下蹲。其余要领同"颈后深蹲"。

胸前深蹲的作用：基本同"颈后深蹲"，但前蹲由于胸部所受的压力较大，因此能更有效地发展伸膝肌群和躯干伸肌的力量。

（3）半蹲

半蹲的方法：正握杠铃于颈后肩上，挺胸别腰，屈膝下蹲近水平位置时，随即伸腿起立。其余要领同"颈后深蹲"。

半蹲的作用：发展伸膝肌群力量与躯干支撑力量，特别是股四头肌的外内侧肌，股后肌群和小腿三头肌。

（4）半静蹲

半静蹲的方法：颈后或胸前持铃屈膝下蹲至大腿水平部位，保持这个姿势不动，或做好半蹲姿势对抗不动物体，静止 6~12 s，也可根据动作结构和需要换不同角度来做。

半静蹲的作用：主要发展伸膝肌群力量和躯干支撑力量。

（5）腿举

腿举的方法：仰卧于升降练习架下，两脚蹬住练习架做腿屈伸动作。练习时可采用不同的速度（快、中、慢）和两脚间距（可膝脚靠拢，也可分开）进行。

腿举的作用：主要发展股四头肌、臀大肌、股二头肌、半腱肌、半膜肌、大收肌、小腿三头肌和屈足肌群力量。

（6）负重伸小腿

负重伸小腿的方法：坐在练习器的一端，用双手抓住大腿两侧，股四头肌收缩将腓肠肌斜向上拉，拉伸小腿时，上身略微向后倾斜以尽可能伸展双腿，双腿完全伸展后，保持 2 s，然后放松，重新开始。

负重伸小腿的作用：主要发展大腿前部肌群力量。

8. 全身力量训练

（1）窄上拉

窄上拉的方法：双脚与肩同宽站立。在单杠附近，双脚放松与肩同宽，深蹲提铃，在杠铃抬高到大腿和小腿中部时，胸部和腰部收紧，臀腿同时发力，双腿伸直，脚后蹬，手肘抬起。

窄上拉的作用：主要发展骶棘肌、斜方肌、前锯肌、臀大肌、股二头肌、半腱肌、半膜肌、大收肌、股四头肌、三角肌、肱肌、小腿三头肌、屈足肌群力量。

（2）宽上拉

宽上拉的方法：宽握距握杠，预备姿势同"窄上拉"，当杠铃上拉到大腿中上部时，迅速做出蹬腿、伸髋、展体、耸肩、提肘、起踵动作。宽上拉也包括膝上拉、悬吊式上拉、直腿拉、宽硬拉等多种做法。

宽上拉的作用：基本同"窄上拉"。

（3）高抓

高抓的方法：①预备姿势，双脚打开略呈八字，膝盖与脚尖同一方向，挺胸抬头腰背收紧，两臂自然下垂吊住杠铃；②提铃至膝，利用伸膝的力量往上站同时上身往上起，在这个过程中膝盖一直伴随着往脚尖方向打开；③引膝提铃，沿垂直方向上升到膝盖处后，伸膝的同时伸髋，杠铃提至膝盖以上至大腿处，靠继续伸髋和膝部回旋来完成，上身逐渐接近直立；④发力展体，当杠铃带到靠近腹股沟的位置快速提踵、蹬腿、伸髋、伸躯干的同时耸肩提肘，身体完全充分展开，把杠铃带高；⑤支撑，发力完，杠铃靠惯性继续向上运动，人体进入腾空状态，此时快速甩臂，肩背用力锁肩支撑的同时身体迅速向下降微屈膝，双脚快速向两侧分开；⑥放铃，自然站立，收回双腿至与髋同宽。

高抓的作用：主要发展伸膝、伸髋、伸展躯干及肩带肌群力量，并能有效地发展爆发力。

（4）箭步抓

箭步抓的方法：预备姿势、提铃、发力同"宽拉"，在发力即将结束时，做前后箭步分腿，与此同时，将杠铃提拉过头顶，伸直两臂做锁肩支撑。

箭步抓的作用：基本同"高抓"。

（5）挺举

挺举的方法：将杠铃举到胸前并提起。

挺举的作用：提铃部分主要发展各相应部位的肌肉，同时也会发展全身协调用力及爆发力。

（6）高翻

高翻的方法：将杠铃从地面提至胸部，提铃至胸时下蹲高度为半蹲，其他要领基本同挺举下蹲翻。

高翻的作用：基本同"挺举提铃"部分。

（7）箭步翻

箭步翻的方法：与挺举基本相同，除了较窄的方法，即臀部向前和向后推动小腿，杠铃绕胸部旋转站立：先伸直前腿，然后拉半步，再向前拉后腿，在水平线上彼此平行站立并重复练习。

箭步翻的作用：基本同"挺举提铃"部分。

（8）高翻借力推

高翻借力推的方法：用高翻将杠铃抬到胸前，然后坐下，用力将杠铃推到手臂正上方的位置，要求把杠铃提到脸上，收紧胸部和腰部，它也可以在颈部或训练凳上进行。

高翻借力推的作用：此练习若在练习架上做则主要发展上肢力量，作用同上挺部分；若提铃至胸后再做这个练习，作用基本同挺举。

二、高校体育的速度素质训练

速度是运动员的基本素质之一，在他们的体能训练中起着重要的作用。一些运动（例如 100 m 短跑）比的是运动员的速度。虽然有些体育赛事并不比速度，但速度也对运动员表现有直接影响。

（一）速度训练的主要方法

1. 反应速度训练

反应速度主要利用各种信号（枪声、掌声、口令等声响）刺激练习者，使其做出快速反应来实现训练的目的。其练习的基本方法有以下方面：

（1）信号反应训练

信号反应训练要求运动员对各种信号做出反应动作，这种方法适合于短跑项目及初学者。

（2）运动感觉反应训练

运动感觉反应训练是一种心理训练方法，通过提高时间感知能力，进而提高反应能力，此法适合于中长跑项目，其具体步骤如下：

第一，运动员对信号快速做出应答后，由教练员告知反应时间。

第二，运动员对信号快速做出应答后，教练员要求运动员自己报出估计的时间，然后教练员再告诉其准确时间，核对其误差。

第三，要求运动员按事先确定的时间完成动作或跑完一定的距离。

（3）选择性信号反应训练

选择性信号反应训练要求运动员按事先确定的信号做出正确的选择，或按相反口令、相反动作完成选择性的反应训练。

2. 动作速度训练

（1）重复法

规定最大速度指数的重复方法，在移动速度训练中显示最大速度指数。一些运动练习是强制性的重复，例如快速重复的轻杠铃推举。用哑铃重量重复跳跃，同时保持正确的运动，一次又一次地快速跳跃。重复短距离跑步，使用各种沉重的金器进行最后的快速重掷。

变化训练程序的重复法。变化训练的程序是指在横移速度训练中适当改变速度和加速度，并以适当的比例与程序相结合。虽然在一定的最大速度下进行训练是提高运动速度的重要因素，但重复如此，它创造了一个动态的固定模式。因此，在最高速度指标和重复练习时，训练计划按一定的方式变化，使运动员对练习的速度变得陌生，以培养更好的移动速度。

（2）比赛训练法

比赛训练法是指在竞争条件和要求下，营造竞争氛围和环境的开放式训练方式。显然，在使用比赛训练法来训练动作速度时，练习者的心理和情感不同于其他训练方法。大多数训练者都表现出高度的紧张和兴奋，使用竞技训练方法会显著增加运动前的人体血糖和乳酸水平，这有助于身体更好地运作。兴奋也会对交感神经系统产生影响，延迟疲劳的发生，这使人体能够成功地以高强度速度进行训练。在比赛训练法中，神经系统处于非常温和的兴奋状态，这有助于发挥交换兴奋和抑制神经的能力。

（3）游戏法

游戏法是指采用游戏的形式进行速度训练的一种方法。速度障碍是由于在速度训练时反复进行某一动作的训练，这种多次重复的训练形成动作的动力定型，使动作的各种指标比较稳定，使之在动作的空间特征和时间特征上，如动作的幅度、方向，动作的速度和频率都相对稳定，形成所谓的速度障碍。防止速度障碍的形成，要突出速度力量的训练，采用多种训练手段，如游戏、球类等活动。例如，100 m 跑要达到预定的成绩，既可以通过专门短跑训练来达到，也可以通过全面身体练习并把重点放在速度力量的训练上来达到。

（二）速度训练的基本内容

第一，原地快速高抬腿跑训练。

原地快速高抬腿跑的方法：直立于一平坦的场地上，原地两腿交替做快速高抬腿跑 10~30 s。

原地快速高抬腿跑的作用：发展动作速度和移动速度。

原地快速高抬腿跑的要求：高重心、高频率，两臂配合摆动以尽可能快的速度抬起。

第二，快速蹲起训练。

快速蹲起的方法：练习者全部蹲下，听信号快速蹲起。

快速蹲起的作用：发展反应速度和动作速度。

快速蹲起的要求：尽可能快蹲起。

第三，快速站起训练。

快速站起的方法：仰卧草坪或垫上，当有信号发出后，两手撑地，快速站起，多次重复。

快速站起的作用：发展反应速度和动作速度。

快速站起的要求：动作完成要快速、连贯。

第四，快速两头起训练。

快速两头起的方法：练习者俯卧草坪或垫子上，听信号后立即向上抬臂、抬头、挺胸、双腿后上举，呈两头起。

快速两头起的作用：发展动作速度和腹肌力量。

快速两头起的要求：上体和腿两头快速抬起。

第五，快速体前屈训练。

快速体前屈的方法：仰卧草坪或垫上，听信号后上体前屈，两臂前伸，胸贴近大腿呈快速体前屈。

快速体前屈的作用：发展动作速度和腰腹肌力量。

快速体前屈的要求：上体快速抬起。

第六，仰卧高抬腿训练。

仰卧高抬腿的方法：仰卧草坪或垫上，听信号后快速高抬腿，每组 15~30 个，多次重复。

仰卧高抬腿的作用：发展移动速度和动作速度。

仰卧高抬腿的要求：高抬腿时动作要快，足尖勾起。

第七，对号追击训练。

对号追击的方法：练习者两队相距 1~2 m，事先约定一队为奇数号，另一队为偶数号，教练员任意喊 1 号，喊到者逃跑，另一队追击，在练习中可改变号。

对号追击的作用：发展和提高反应速度和动作速度。

对号追击的要求：全神贯注听号选择追击与逃跑，训练快速反应、判断能力。

第八，快速起训练。

快速起的方法：仰卧，抬头平视，听信号后快速蹲起或跳起。

快速起的作用：发展反应速度和动作速度。

快速起的要求：快速从俯卧状成起立姿势。

第九，节奏跳训练。

节奏跳的方法：练习者站于沙坑中或草坪地上，在口令一、二或一、二、三的最后一个节拍时用力高跳。

节奏跳的作用：发展动作速度和下肢快速力量。

节奏跳的要求：前脚掌着地，蹬地要快，在最后一个节拍时用力。

第十，转身跑训练。

转身跑的方法：练习者在向前跑进中，听口令转身 90°、180°、360°各种转身跑。

转身跑的作用：发展反应速度和动作速度。

转身跑的要求：听口令后迅速转身。

第十一，单臂支撑起跑。

单臂支撑起跑的方法：单臂支撑做好起跑的预备姿势，听信号后身体向左或右转体 180°迅速跑去。

单臂支撑起跑的作用：发展反应速度和动作速度。

单臂支撑起跑的要求：控制好跑进方向和身体平衡。

第十二，变向跑。

变向跑的方法：练习者在向前跑进中，听到事先规定好的信号后，改变跑进方向。

变向跑的作用：发展反应速度和动作速度。

变向跑的要求：练习者快速做出反应。

三、高校体育的耐力素质训练

"耐力素质的训练在高校体育教学中是极为重要的组成部分，它是通过体验式的教学提高学生身体素质。"[1] 耐力是指生物体长时间工作以克服工作时疲劳的能力，它是运动员身体素质的关键指标之一，任何运动都需要恒定的耐力水平。一些运动，如中长跑和竞走等田径技术水平和比赛成绩通常取决于耐力水平。长期进行耐力素质训练可以使神经兴奋与抑制、传导与反应等机能都得到明显加强与改善；可以使人的精力充沛，精明果断，动作迅速，准确有力；同时还可以使人体对外部刺激的反应能力得到明显提高。

（一）耐力训练的主要方法

1. 间歇训练法

间歇训练法对速度耐力和短跑耐力水平影响较大。周期性的方法包括所

---

① 马骉. 有关高校体育训练中提高耐力素质的研究［J］. 品位经典，2020（12）：158.

有的休息方法，如慢跑或步行，但放松练习也是其中的一部分。当心率恢复到 120~130 时，开始下一个锻炼。这是因为间歇训练法是运动员身体无法完全恢复时的下一个练习。它对身体有以下影响：

（1）有效提高人体每分钟的生产力，增加心肌收缩力和心排血量。

（2）有效改善人体的呼吸功能，尤其是最高的摄氧量。

（3）适用于压力时间相对较长、压力强度相对较低的长跑或中长距离跑。间歇性运动方法可以有效提高有氧消化能力和糖原的有氧耐力水平。

（4）适用于负重时间相对较短、强度相对较高的中距离跑步，有时也适用于较长时间跑步。

2. 持续负荷法

许多耐力运动（例如划船、游泳、骑自行车、中长跑等）经常采用连续负重的方式进行越野训练，并产生很好的效果（例如使用短跑）。通过变速训练，我们可以在运动中逐渐提高速度。例如，可以较慢的速度覆盖前 1/3 的距离，然后将速度提高到略低于中等强度的水平，并且可以中等强度速度覆盖最后 1/3 的距离。此外，强度可以从中间到第二高水平连续变化。例如：每 1~10 分钟最大运动强度后，可以交替进行中级运动，以确保在下一次增加负荷前身体稍有调整，以最高速度心率达到约每分钟 180 次，恢复时间减少至约每分钟 140 次。脉动波状强度的交替排列对于负重训练很有用，能有效改善心脏和中枢神经系统的机能。

3. 重复训练法

重复训练法是指以给定的距离、持续时间和重量强度重复锻炼的方法。在不改变动作结构和有效载荷体积的情况下，这种训练方法的主要作用是提高无氧代谢短跑运动员的耐力水平和混合代谢的中级跑者的耐力水平。

（1）200 m、400 m 等短距离长跑可以有效地发展和提高乳酸动力供应系统的水平。由于项目对高速耐久的要求，即使在长距离（300~500 m）反复跑一段时，身体也会产生负氧量。

（2）中距离比赛中的短距离比赛，如 800 m 比赛，无氧代谢的比例较高，跑步时需要更多的氧量。因此，在 500~150 m 内重复，不仅可以提高身体对缺氧的耐受性，还可以增加大量乳酸的积累。

（3）长跑训练负荷高。每分钟的氧气含量和循环系统必须充分调动。因为长时间的循环和呼吸系统有时间克服惯性，逐渐提高工作水平，所以通过反复长跑，可以提高循环和呼吸系统的机能水平。

重复训练法是比赛期间训练的主要方法，并且主要在比赛开始时使用。根据运动员的实际情况，刺激的量和刺激的强度可以在一定范围内变化。但一般情况下，刺激的量和刺激的强度是相对恒定的。重复训练法的一个特点是在运动时间内心率恢复到正常时进行下一个运动，运动距离、运动重量和动作有明显的特点。

4. 循环训练法

循环训练是基于特定训练任务建立一个或多个练习站的目标，每个站包含一个或多个与一般耐力发展相关的链接。为使运动员能够遵循给定的顺序和路线，按每个站设置的练习次数、方法和要求进行训练，可以进行一周或数周，这是因为循环训练中下一站的锻炼是在上一站锻炼在身体上留下了痕迹的基础上进行的。从第二次练习起，每个站的锻炼量几乎超过了前一站的负荷。因此，心血管训练对循环系统和全身功能的改善和发展有很大的影响，同时可以充分改善运动员不同部位的肌肉，局部肌肉拉伤和恢复可以交替进行。运动员对训练的兴趣正在增长，因此心血管训练对整体耐力的发展产生了有益的影响。

5. 高原训练法

高原训练法是指在海拔较高、空气中含氧量较低的高原地区进行训练。比如我国在青海多巴、云南昆明等地都有高原培训基地，2000 m 左右的海拔高度可以培养运动员的有氧代谢能力，提高运动员到达高原后刻苦训练和参加激烈比赛的能力。高原训练期间，因为高原空气中的含氧量比平原少，这增加了对身体心血管和呼吸系统的需求，提高运动员在训练和适应过程中的通气和呼吸效率，这就改善促进了呼吸和循环的功能。高原训练后，运动员血液中的红细胞和血红蛋白会增加，这增加了身体向血液输送氧气的能力，同时扩张和增厚肌肉的毛细血管。因此，它大大改善了肌肉细胞的能量代谢和有氧能量供应。

（二）耐力训练的基本内容

1. 间歇跑训练

间歇跑的方法：练习者采用快跑一段距离后，再慢跑或走一段距离的中途有间歇的跑法。跑的速度、距离与间歇时采用慢跑或走以及练习的次数，应根据练习目的而定。

间歇跑的作用：发展专项耐力水平。

间歇跑的要求：快跑的速度应使脉搏达到每分钟170~180次，中间间歇；慢跑或走时，使脉搏控制在每分钟120次左右时再重复下一次练习。

2. 持续慢跑训练

持续慢跑的方法：练习者采用较慢速度持续跑较长的距离，发展有氧耐力。跑的速度、距离、重复次数等应根据练习目的确定。

持续慢跑的作用：发展一般耐力，提高有氧供能能力。

持续慢跑的要求：在持续慢跑时，心率应达到每分钟150次左右，以发展练习者的一般耐力。

3. 重复跑训练

重复跑的方法：固定跑的距离，多次重复，进行固定距离的跑，重复跑时的速度、距离、重复次数等应根据练习目的和练习者的具体情况而定。

重复跑的作用：发展专项耐力和一般耐力，提高无氧代谢能力水平。

重复跑的要求：每次练习之间的间歇时间以心率恢复到每分钟100~120次为限，再进行下一次练习。

4. 变速跑训练

变速跑的方法：变速跑是一种按一定距离变换速度的跑法。在跑的过程中，用中等速度跑一段距离后，再以较慢速度跑一段距离。

变速跑的作用：发展有氧和无氧代谢能力，提高一般耐力和专项耐力水平。

变速跑的要求：中速跑与慢速跑交替进行相同的距离或中速跑的距离较慢速跑稍短一些，变速的交替次数依练习目的而定。

5. 越野跑训练

越野跑的方法：可采用个人或结伴的形式，进行距离较长、强度较小的在野外自然环境中的跑步，在跑步中应保持正确的跑的姿势，充分利用野外的上坡、下坡等地，进行跑的练习，以发展一般耐力水平。

越野跑的作用：发展一般耐力水平，提高有氧代谢能力。

越野跑的要求：越野跑时应穿软底鞋，跑的距离及时间根据个人特点和练习目的确定，跑的过程中脉搏应保持在每分钟150次左右。

6. 追逐跑训练

追逐跑的方法：在田径场或自然环境中，采用多人相互追逐地跑。追逐时间可选择一定的距离，然后再慢跑或走，反复追逐。追逐跑的距离、速度根据练习的目的而定。

追逐跑的作用：发展速度耐力、无氧与有氧代谢水平。

追逐跑的要求：同伴之间相互保持5~10 m的距离，用中等或较快的速度追逐对方，慢跑时应使脉搏不低于每分钟100次。

7. 匀速持续跑训练

匀速持续跑的方法：采用中等速度持续跑较长或一定的距离，在跑的整个过程中，保持一定的速度，用匀速跑完练习规定的距离。

匀速持续跑的作用：发展专项耐力水平，提高混合代谢能力。

匀速持续跑的要求：速度达到中等速度，心率保持在每分钟150次左右，以匀速持续跑完一定的距离。

四、高校体育的柔韧素质训练

柔韧性是指不同关节的运动范围。弹性是指人体的弹性和肌肉、肌腱、韧带等软组织的弹性。弹性有两层含义：一方面是关节活动范围的大小；二是软组织的柔韧性，如肌肉、肌腱和韧带，使关节扩张。关节的运动范围很大程度上取决于关节本身的装置结构，跨越关节的肌肉、肌腱和韧带等软组织的柔韧性在很大程度上是通过适当的训练实现的。

灵活性在运动中非常重要，它是有效技术改进的必要基础，也是保证体育技术水平提高的根本因素之一。当弹性不好时，学习运动技能的过程会立即减慢并变得更加复杂，并且通常不可能学习一些非常重要的技术来完成比赛。关节灵活性差会限制力量、速度和协调性的发挥，降低肌肉协调性、出汗并影响其他运动素质的发展，并且通常是肌肉和韧带损伤的原因。

（一）柔韧性训练的主要方法

1. 动态拉伸运动法

动态拉伸运动法是指有节奏地、快速地将同一事物重复多次的伸展运动法。动态拉伸运动法的主要特点是在主动拉伸中，肌肉力量变化的最大值约为静态拉伸的两倍，它在练习弯曲和伸展运动等各种运动时使用，结合个人属性的挥杆练习和柔韧性练习。动态伸展运动可以触发牵张反射，这可以改善运动区域肌肉群的伸展和收缩。动态拉伸可以增加运动过程中的血流量，改善肌肉、肌腱和其他局部组织的营养，这将有助于提高肌肉灵活性和性能结果。

2. 静态拉伸运动法

静态拉伸运动被定义为通过缓慢运动使软组织（例如肌肉和韧带）拉伸到一定程度的运动，这种方法的一个重要特点是它可以长时间刺激肌肉和肌腱的伸展。

进行静态拉伸运动时，肌肉和软组织都有一定程度的拉伸。保持静止的时间一般为 8~10 s，重复次数为 8~10 次。伸展运动对肌肉和肌腱灵活性的发展有积极的影响，并且是培养弹性的主要方法。静态拉伸运动强度偏低，运动范围很大，这有助于保持身体的力量，并且可以轻松操作，不需要特殊的健身房和其他训练设备。

静态拉伸运动有两种形式：主动拉伸和被动拉伸。主动拉伸法是指练习者主动进行所有练习的方法，常用的有单项或多项练习、摆动或静止练习、负重和非负重练习，在各种条件下保持稳定姿势的静态练习；被动拉伸是一种使用外力（例如设备、辅助设备、重量等）的移动性锻炼。

（二）柔韧性训练的基本内容

1. 肩部柔韧训练

（1）压肩的方法

①腿站立，体前屈，两手扶同髋高的肋木或跳马，挺胸低头（或抬头），身体上半部上下振动；②背对横马，练习者仰卧在马上，另一人在后面扶着他的肩下压，要求把肩背部置于横马末端，压肩由轻到重；③体前屈，两手后面交叉握、翻腕，向上振动，要求两臂、两腿伸直，幅度由小到大。

（2）拉肩的方法

①背对肋木站立，两臂上举，两手握肋木，抬头挺胸向前拉肩，要求胸部前挺，肩放松，幅度由小到大；②面对低山羊做手倒立，另一人帮助前倒进行搬肩拉肩。要求手离山羊近一点，幅度由小到大。

（3）吊肩的方法

肋木、单杠、吊环反吊悬垂，要求开始可吊起不动，然后加摆动作，肩放松拉开。

（4）转肩的方法

①单杠、吊环收腹举腿，两腿从两臂间穿过，落下后悬垂，又还原做正悬垂，要求后悬垂时沉肩放松到极限；②单杠悬垂，收腹举腿，两腿从两臂间穿地，落下成后悬垂，松一只手转体360°成悬垂，然后换另一只手做，要求转动时肩由被动转动到主动转动，由逆时针到顺时针进行转动；③利用体操棍、竹竿或绳子、橡皮带做转肩练习，随着灵活性提高，两手间握距逐步缩短，但要注意两臂同时转，不要先后转肩。要求肩放松，主动练习和被动练习结合起来转肩。

2. 胸部柔韧训练

（1）仰卧背屈伸

可自己独立做，也可让另一人压腿，运动员只抬上体。要求主动抬上体，挺胸。

（2）虎伸腰

跪立，手臂前放于地上，胸向下压，要求主动伸臂，挺胸下压。

（3）面对墙站立

两臂上举扶墙，尽量让胸贴墙，幅度由小到大。

（4）背对鞍马头站立

身体后仰，要求充分伸臂，顶背拉肩，挺胸。

3. 腰部柔韧训练

（1）甩腰

运动员做体前屈和体后屈的甩腰动作，要求幅度由小到大，充分伸展背和腹肌。

（2）仰卧成桥

仰卧开始，两手反掌于肩后撑垫挺起胸腹，两臂伸直顶肩，拉开肩成桥，也可由同伴帮助，逐步过渡到独立进行，随着训练水平提高，手和脚的距离逐步缩小。

（3）体前屈

体前屈练习方法很多，这里介绍五种：①腿伸直并拢体前屈，两臂在两腿后抱拢，静止不动，停止一定时间，要求胸贴大腿；②坐在垫子上，两腿伸直，同伴助力扶背下压，还可将两腿垫高，加大难度，要求下压一定时间后，再停留一定时间抱腿；③分腿站立体前屈，上体在两腿中间继续甩动，要求肘关节甚至头部应该向后伸出；④运动员坐在垫子上，两腿分开置于30~40 cm高长凳上，运动员钻入板凳下，教练员两手按其背下压；⑤运动员面对肋木坐下，臀部与肋木间垫实心球，两臂向上伸直握肋木，教练员在运动员背后半蹲，两手握运动员两足前摆。

4. 腿部柔韧训练

腿部柔韧训练，主要发展腿部前、侧、后的各组肌群伸展和迅速收缩的能力，以及髋关节的灵活性。

（1）压腿

压腿分正压、侧压和后压三个方向，将腿放一定高度进行练习。要求正压时髋正对腿部，侧压和后压将髋展开。

（2）开腿

开腿分正压、侧压、后压三个方向，可由同伴把腿举起，加助力按。要求肌肉放松，不要主动对抗用力。

（3）踢腿

踢腿可扶把踢，也可行进中踢。常用踢腿方法有正、侧、后踢腿，还可采用两腿分别向异侧45°方向踢出的十字踢腿。

（4）踹腿

踹腿要领同正踢腿，踢左腿时，左腰要向异侧45°方向踢起，并自右经前至左划一弧形，到左侧时用右手击打脚面，踢右腿时同上法，相反方向也可以做，要求每次踢腿时膝关节伸直。

（5）控腿

按舞蹈基本功姿势，腿在三个方向上举，并控制在一定高度上。包括以下三种方式：

第一，前控腿：①直腿抬起的向前控腿；②膝盖先抬起然后再伸直控腿。

第二，侧控腿：上体正直，抬起的腿的髋关节必须展开，脚掌对准体侧，臀部不能向后突。

第三，后控腿：上体正直，后举腿的髋关节不能外旋，脚掌向上。

（6）弹腿

先将大腿向上提起控制不动，然后小腿迅速有力地前踢，伸直膝关节。

（7）劈叉

前后劈腿，同伴帮助压后大腿根部。左右劈腿时应将两脚垫高，自己下压或由同伴扶髋关节下压。

5. 踝关节和足背训练

（1）通过增加脚踝的柔韧性提高跳跃能力。因为在小腿肌肉（包括比目鱼肌）和足跟肌腱被拉伸后，足部肌肉会随着收缩而变得更强壮，脚背柔韧性好，不仅能增加肌肉收缩，还能让足背看起来优雅。

（2）练习者用手掌支撑肋骨，然后将前脚放在椅子的边缘，上下推动重心然后在脚踝的最高角度处停顿片刻，以拉长肌肉和肌腱。

（3）练习者跪在垫子上，用自己的体重推动脚尖或者脚趾抬起，使脚的顶部处在空中，然后向下推，以增加力量。

（4）练习者坐在垫子上，然后将重物放在脚趾上以按压脚背。

五、高校体育的灵敏素质训练

（一）灵敏素质的衡量、意义及分类

1. 灵敏素质的衡量水平

灵敏素质是指运动员在各种突然变换的条件下协调、快速、准确地完成动作的能力。在熟练掌握运动技能的情况下，灵敏素质就能得到充分提高。灵敏素质并不像其他素质有具体的衡量标准，只能通过动作的熟练程度来判断灵敏素质的高低。衡量灵敏素质的高低主要从以下三个方面入手：

首先，是否具有快速的反应、判断、采取行动和随机应变的能力。

其次，是否能熟练掌握力量（爆发力）、速度（反应速度）、耐力、柔韧性、协调性、节奏感等素质，并以迅速准确的动作表现相应的技能。

最后，在做动作时，是否能在任何不同的条件下自如地操纵自己的身体并准确熟练地完成动作。在不同的运动项目中，对灵敏素质要求不同。例如，跳水、体操等运动项目需要具有身体位置迅速改变及空中翻转方面的灵敏素质。

2. 灵敏素质的主要意义

灵敏素质是发挥各种身体素质优势、提高技术动作质量、创造优异成绩的重要条件，它在体育运动中主要有两点意义：一是在体能训练中，能够准确、熟练、协调地完成动作，提高运动技能和身体素质；二是在运动比赛中，能够巧妙地战胜对手，取得良好的成绩。

3. 灵敏素质的基本分类

（1）一般灵敏素质

一般灵敏素质是指运动员在各种运动活动中，在突然变换各种条件的情况下，能迅速、准确地完成各种动作的能力，它是专项灵敏素质发展的基础。

（2）专项灵敏素质

专项灵敏素质是指在各种专项运动中，运动员能够迅速、准确、协调地完成专项运动各种动作的能力，它是在一般灵敏素质的基础上，不断重复专项技术和技能环节训练的结果。不同的运动对灵敏素质有着不同的要求。例

如，球类项目和格斗类项目动作复杂，没有固定的程序和动作模式，随时根据比赛情况的变化，改变动作的方向、速度、姿势，主要强调反应、判断、随机应变等能力。健美性运动的项目，则主要要求时空感、节奏感和控制身体平衡等方面的能力。所以，专项灵敏素质具有明显的项目特点，必须根据专项技能的特异性，提高专项运动所需的灵敏素质。

(二) 灵敏素质训练的影响因素

1. 智力发展水平和思维能力

运动员要想拥有良好的灵敏素质，必须具备良好的智力发展水平和敏捷的思维能力。在运动活动中，各种运动技术和技能是否能灵活应用，是否能深谋远虑地确立战术思想和实施计划，大脑神经活动过程中兴奋与抑制的转换程度与快速工作能力的平衡水平，均取决于智力发展水平和敏捷的思维能力。一个优秀运动员不仅要表现出惊人的运动水平和超人一般的技能素质，而且还要表现出良好的思维能力，以及解决复杂的战术、技术等各个方面问题的能力。

2. 感觉器官的准确灵活性能

感觉器官是否准确与灵活决定着灵敏素质的优劣，同样，肌肉有着决定性的作用。感觉器官分析越完善，运动者对肌肉活动用力大小、快慢的分析能力就越高，完成的动作就越精确，通过多年系统训练，可以使运动分析的能力得到全面提高。

3. 运动实践经验的丰富度

掌握基本运动技术越多越熟练，不仅学习新的运动技能越快，而且技术动作也显得越灵活，越富有创造力，表现出的灵敏素质也就越高。长期学习、运用各种技术动作和提高运动技能，可以提高运动实践经验的丰富度，运动实践丰富度越高，技术动作储备就越多，因而灵敏素质水平才能不断提高。

4. 年龄、性别以及体形

根据年龄，灵敏素质发展主要分为四个阶段：6~7岁是平衡器官充分发展时期，灵敏素质相对较低；7~12岁是灵敏素质稳定提高时期，是动作频率、反应速度提高的最佳时期；13~15岁是青春期，是身体快速增长时期，这时灵敏素质会有所下降；而大学生正处于生长发育的最后阶段，也是灵敏素质比较稳定的时期，因此，这个时期对灵敏素质进行训练，将会对以后的运动能力起到决定性的作用。

灵敏素质与性别有关。在6~12岁时，男女灵敏素质几乎没有差别，但到了12~15岁，进入青春期后，男子由于先天优势逐渐开始在灵敏素质方面优于女子，所以，青春期以前就应该对女子的灵敏素质加强训练。但是，并不是大学时期灵敏素质就不会提高，只要训练得当，以后灵敏素质还会有所改观。

不同的运动项目对体形有不同的要求，因此，不能武断地说哪一种体形的灵敏素质好，但一般而言，身材过胖或过于瘦高，灵敏素质会相对较差。

(三) 灵敏素质训练的注意事项

1. 训练手段多样化

灵敏素质提高与否与身体各器官机能改善情况有着很大的关系，而且一旦某个动作达到自动化程度，就没有灵敏度提高的明显效果了。因此，就要变换手段提高灵敏素质，提高运动员各种分析器官和运动器官的机能。在具体训练过程中，可以采用以下手段：

（1）采用快速变向跑、躲闪、突然起跑等训练，以及各种快速急停和迅速转体等练习，让运动员在跑跳的过程中迅速、准确、协调地完成各种动作。

（2）采用各种调整身体方位的练习和专门设计的复杂多变的练习，来达到训练目的。如利用体操器械练习各种较复杂的动作，还可以穿梭跑、躲闪跑和立卧撑等相互结合进行训练。

（3）采用不同信号反应的练习和各种变换方向的追逐性游戏。

2. 结合专项综合训练

灵敏素质训练是提高运动能力的一个重要方面，在提高灵敏素质的过程中，应该注意到提高力量、速度、耐力、柔韧性是提高灵敏素质的基础，应将灵系素质的提高与其他素质的提高结合进行。灵敏素质具有专项化的特点。例如，一个人在体操、技巧专项训练中能表现出良好的灵敏素质和协调性，但是在球类练习中就不一定表现出来。因此，在灵敏素质训练时，要因专项要求和项目特点的不同采用不同的训练手段，使训练效果与专项要求相一致。如体操、技巧等可多做一些移动身体方位的练习，而球类运动项目可多做一些脚步移动的躲闪练习。

3. 合理安排训练时间

在整个训练过程中，灵敏素质训练安排要系统化，训练时间不宜过长，重复次数也不宜过多。因为训练时间过长会导致机体疲劳，影响运动员的力量水平，速度也会减慢，节奏感被破坏，平衡能力会降低，这些情况都不利于灵敏素质的提高。此外，在具体训练过程中，一般会在训练课开始的部分安排灵敏素质训练，因为此时运动员处在精神饱满、体力充沛、运动欲望强的状态下，能有效地减缓运动疲劳。

另外，在训练时间安排合理的情况下，要保证充足的训练间歇时间，偿还氧债和肌肉内 ATP 能量物质的合成，这也是减缓运动疲劳提高灵敏素质的另一种方式。但休息时间又不可过长，休息时间过长会使中枢神经系统的兴奋性大幅度下降，在下次训练中就会减弱对运动器官的指挥能力，使动作协调性下降、速度减慢、反应迟钝，这必然影响练习的效果。一般来讲，练习时间和休息时间的比例控制在 1∶3 即可。

4. 消除紧张的心理状态

当训练者心理产生紧张情绪时，必然会导致肌肉反应迟钝，动作的协调性下降，影响训练效果，因此，在进行灵敏素质训练时，应采用各种有效的方法与手段，消除训练者紧张的心理状态和恐惧心理。另外，张弛有度的心理状态还能提高灵敏素质训练的水平。

（四）灵敏素质训练的方法

灵敏素质训练基本方法主要如下：

第一，在跑、跳中做迅速改变方向的各种躲闪、突然起动以及各种快速急停和迅速转体训练等。

第二，做各种调整身体方位的训练。

第三，做专门设计的各种复杂多变的训练，如由之字跑、躲闪跑、穿梭跑和立卧撑四项组成的综合性训练。

第四，做以非常规姿势完成的训练，如侧向或倒退跳远、跳深等。

第五，做限制完成动作的空间训练，如在缩小的球类运动场地进行训练。

第六，做改变已完成动作的速度或速率的训练，如变换动作频率或逐步增加动作频率的训练。

第七，做各种变换方向的追逐性游戏和对各种信号做出应答反应的游戏等。此外，体能训练中提高灵敏素质的训练方法还有很多，常见的训练方法见表4-1，可供参考。

表 4-1 提高灵敏素质的训练方法

序号	训练方式	训练实例
1	用非常规姿势完成各种侧向或倒退方向的训练	如侧向或倒退跳远、跳深等
2	用对侧肢体或非常规姿势完成动作	用对侧臂掷铁饼或推铅球；用对侧脚盘带球或踢球，做反方向拳击防护
3	限定完成动作的空间	如球类运动缩小场地的训练
4	改变完成动作的速度、频率	变换频率；逐步增加频率
5	改变技术环境或动作	如采用不熟悉的跳高、跳远技术；以起跳腿或非起跳腿进行超过机械或障碍的常用跳远技术训练
6	通过增加辅助动作提高训练难度	采用不同器械，设立不同目标，完成不同任务的来回跑和接力跑
7	已掌握技能与新技能相结合	完成部分体操或花样滑冰中的成套动作；运用新学的技能进行游戏或比赛
8	增加训练同伴的对抗能力	增加对方队员人数并使用不同战术；与不同的队进行比赛
9	制造非常规的训练条件	改变训练场地条件
10	进行相关与非相关项目训练	各种游戏或比赛；完成各种项目的技术动作或技能

灵敏素质训练具体方法如下：

1．徒手练习

徒手练习法主要有单人练习和双人（结伴）练习等方法。

（1）单人练习法

第一，快速移动跑。此训练是为了提高运动员迅速反应、准确判断的能力。一般练习时每组 15 s，练习 3 组，由站立姿势开始，两眼注视指挥手势或判断信号。当练习者听到信号或看到手势后，按照指挥方向进行前、后、左、右快速变换跑动，一般发出指令间隔时间不超过 2 s。

第二，越障碍跑。此训练是为了提高运动员快速、灵巧地通过障碍物体的能力。练习 2~3 组，面对跑道站立（在跑道上设置多种障碍），听到开始信号后，练习者迅速敏捷地跑、跳、绕，通过各种障碍物体并跑完全程，可采用计时的方式进行练习。

第三，弓箭步转体。此练习方法是为了提高运动员跳起稍腾空、转体到位的运动能力。每组连续跳转 10 s，共练习 3 组，由左弓箭步姿势开始，两臂自然位于体侧。听到开始信号后，练习者两脚蹬地跳起，身体向左右转 180°，呈右箭弓步姿势，有节奏地交替进行，采用计时计数方法均可。

第四，立卧撑跳转体。此训练方法是为了让动作更加正确和连贯，每次练习每组要持续 30 s，共练习 3 组，由站立或蹲立姿势开始，听到开始信号后，练习者完成一次立卧撑动作，即刻按原地跳转 180°，计算 30 s 内完成动作的次数。

第五，原地团身跳。此训练方法是为了让运动员在进行运动时能够跳跃连贯，腾空明显，团身紧。每组持续练习 5 次，共练习 3~5 组，由站立姿势开始，听到开始信号后，练习者原地双脚向上跳起，腾空后两腿迅速团身收紧，接着下落还原，连续进行团身跳，采用计时计数方法均可。

第六，退跑变疾跑。此训练方法是为了提高动作的变换速度，通过计时练习，重复 3~5 次，由蹲距式起跑开始，听到开始信号后，练习者迅速转体 180°，快速后退跑 5 m，接着再转体 180°，向前疾跑 5 m。

第七，前后滑跳移动。此训练方法是为了调整运动员前后移动的幅度，目的是保持幅度适中，水平移动。每组持续练习 30 s，共练习 2~4 组，两脚前后开立，上体稍前倾，两腿微屈，两臂位于体侧，听到开始信号后目视手势而移动身体，前滑跳时后脚向后蹬地，前脚向前跨出，身体随之向前移动；当前脚落地后，随即向前蹬地，后脚向后跳，身体随之向后移动。前后滑跳移动也可以采用左右滑跳的方式进行练习。

（2）双人（结伴）练习

第一，模仿跑。此训练方法是为了让运动员在活动时保持注意力集中，随前变而变，动作协调、有节奏。每组持续练习 15 s，间隔 30 s，共练习 4 组，2 人一组，前后站立，间隔 3 m，听到开始信号后，前者在跑动中做出带有变向、急停、转身、跳跃等不同动作变换的练习，后者则模仿前者跑动，跑动中做出相同的动作变换。

第二，手触膝。此训练方法是为了提高运动员积极主动进攻对方的能力。每组持续练习 20 s，间歇 20 s，共练习 4~5 组，2 人一组，面对面站立，听到开始信号后，双方在移动中伺机手触对方膝盖部位，身体素质良好者可采用一些鱼跃、前扑等动作，触膝次数少者受罚。

第三，躲闪摸肩。此训练方法是为了提高运动员的灵敏躲闪能力。可计算 30 s 内拍中对方肩的次数，重复 2~3 组，2 人站在直径为 2.5 m 的圆圈内，听到开始信号后，练习者在规定的圈内跑动，并做一对一巧妙拍摸对方左肩的练习。

第四，过人。此训练方法是为了提高运动员的反应速度和肢体灵敏协调能力。在此训练期间，不准拉人、撞人，每组持续练习 20 s，共练习 4~6 组，在直径为 3 m 的圆圈内，2 人各站半圈，听到开始信号后，一人防守，一人设法利用晃动、躲闪等假动作摆脱防守者进入对方的防区，交替进行。

第五，障碍追逐。此训练方法要求充分利用障碍物进行躲闪、转身等动作快速跑动。每组持续练习 20 s，间歇 20 s，共练习 5~6 组。乙方为被追方在前，甲方为追方在后，听到开始信号后，练习者利用障碍物进行一对一追逐游戏，追上对方用手触到身体任何部位后，即刻交换进行。

2. 器械练习

器械练习法包括单人练习和双人（结伴）练习两种基本练习形式。

（1）单人练习

单人练习包括多种形式的传球、运球、顶球、追球、颠球、托球、接球和多球练习、滚翻传接球练习、悬垂摆动、翻越肋木、钻山羊、钻栏架，以及各种专项球类练习和技巧练习、体操练习等。

（2）双人（结伴）练习

结伴练习包括多种形式的传球、运球、接球、抢球、断球，以及跳跃障碍、顶球接前滚翻等练习。下面主要介绍四个练习动作：

第一，扑球。此练习过程要求逐渐加快抛球速度，判断准确，主动接球。2人一组，面对站立，一人将球抛向另一人体侧，对方可利用侧垫步、交叉垫步或交叉步起跳扑向球，并用手接住球，2人交替进行练习。

第二，通过障碍。此练习过程中要求跑动迅速，变换敏捷。通过计时进行练习，重复练习3~5次，面对障碍物站立，助跑5 m，跳过山羊，钻过山羊，绕过双杠间，再返回起点。

第三，跳起踢球。此训练过程要求抛球到位，踢球准确。每组持续练习15次，重复练习2~3组，2人间隔15 m，面对面站立，一人抛球至另一人体前或体侧方，对方快速跳起用脚准确踢球，交替进行练习。

第四，接球滚翻。此训练要求传球到位，接球滚翻协调、迅速。每组持续练习30 s，重复练习2~3组，2人一组，一人坐在垫上（接球），另一人面对对方站立（传球），坐在垫上，接不同方向、速度的来球，当接到左右两侧的球后做接球侧滚动；接到正面的球后做接球后滚翻，交替进行练习。

3. 组合练习

组合练习，是指把两个或两个以上的动作组合起来进行练习。灵敏素质组合练习有两个动作的组合、三个动作的组合和多个动作的组合练习。

（1）两个动作的组合练习

两个动作的组合练习主要有交叉步接后退步、前踢腿跑接后撩腿跑、立卧撑接原地高频跑、前滚翻接挺身跳转180°或360°、侧手翻接前滚翻、后踢腿跑接圆圈跑、俯卧膝触胸接躲闪跑、坐撑举腿接俯撑起跑、转体俯卧接膝触胸、变换跳接交叉步跑、盘腿坐接后滚翻等。

（2）三个动作的组合练习

三个动作的组合练习主要有立卧撑—原地高频跑—跑圆圈、交叉步—侧跨步—滑步、腾空飞脚—侧手翻、前滚翻、滑跳—交叉步跑、转身滑步跑—过肋木—前滚翻、旋风脚—侧手翻—前滚翻等。

（3）多个动作的组合练习

多个动作的组合练习主要有跨栏架—钻栏架—跳栏架—后滚翻、后滚翻转体 180°—前滚翻—头手倒立前滚翻—挺身跳、分腿跳—后退跑—鱼跃前滚翻—立卧撑、倒立前滚翻—单肩滚翻—侧滚—跳起、腾空飞脚—旋子—前滚翻—乌龙绞柱、跨栏跳栏—滚翻、悬垂摆动—双杠跳下—钻山羊—走平衡木、摆腿—后退跑—鱼跃前滚翻—立卧撑等。

4. 游戏练习

（1）一不成二（贴膏药）

此游戏训练是为了提高运动者反应、躲闪及奔跑能力，要求被追者必须从圈外跑，不得穿过圆圈；贴人时必须以背部贴靠别人身前，保持圆形队伍；凡以手摸到被追者即为追上，此时追者与被追者互换，游戏继续进行；被追者不得跑离圆圈队伍 3 m 外或向远处跑去。

练习者站成单层圆圈，左右间隔两臂；另设 2 人一追一逃，被追逐者可沿圈外奔跑，与追逐者周旋，当不再想跑时，可从圈外钻入圈内，以背部紧贴任何站立者的身前，呈 2 人重叠，此时重叠外层的人便成为被追逐者；凡在被追逐者已组成 2 人重叠之前未被抓住者，原来的被追逐者为安全，追逐者须开始追外层的人（第 2 人）。队伍始终保持单人圆圈。

（2）排头捉排尾

此游戏训练是为了提高运动者灵活性和奔跑能力。要注意在游戏过程中，队伍不能被拉断或拉散；排头触到排尾时，即刻更换排头和排尾，重新开始游戏。练习者排成单行，用手抓住前面人的腰部；听到开始信号后，排头要努力地去捉排尾的人，而后半部分的人则要努力地帮助排尾，不让排头捉到。

（3）跳山羊接力

此游戏的目的是培养运动者灵巧性并提高兴奋性。注意在运动期间要以单跳双落的动作起跳、落地，身体钻越山羊时不能碰器械。把练习者分成人数相等的甲、乙两组，分别站在距山羊 5 m 远的起跑线上；听到开始信号后，每组第一人助跑分腿跳过山羊，落地后，转体180°，再从山羊底下钻出跑回击第二人的手，第二人与第一人动作相同，并以此类推进行。

（4）形影不离

此游戏是为了培养运动者的反应灵敏性。在运动期间要求甲方随机应变，乙方必须迅速准确地移动。两人一组，标记为甲乙，并肩站立。甲方站在右侧可以自由变换位置和方向，站在左侧的乙方必须紧随其后，跟进后仍站到甲方右侧位置。

（5）水、火、雷、电

此游戏是为了培养运动者的灵活性和提高反应速度。要求想象力丰富，变换动作快。练习者在直径为 15 m 的圆圈内快跑，教练员接连喊已商定的口令，所有人必须做出与之相适应的动作。

（6）互相拍肩

此游戏是为了锻炼人的平衡能力和反应速度。要求伺机而动，身手敏捷。两人相对 1 m 左右站立，既要设法拍到对方的肩膀，又要防止对方拍到自己的肩膀。

（7）抓替身

此游戏是为了培养运动者反应能力和奔跑能力。要求反应迅速、躲闪灵敏。成对前后站立围成圈，指定一人抓，另一人逃，逃者通过站到另一对人的前面来逃脱被抓，这一对人后面的人立即逃开。当抓人者拍打着被抓者时，两人交换继续抓替身。

（8）双脚离地

此游戏训练是为了提高运动者的反应速度和观察应变能力。在练习时要求快速倒立、悬垂、举腿等。练习者分散在指定的地方任意活动，指定其中几个为抓人者，听到教练的哨音后，谁的双脚离地就不抓谁，抓人者勿缠住一人不放。

（9）听号接球

游戏的目的是锻炼运动者的奔跑能力和反应速度。在运动期间要求根据时间和空间采取应急行动。练习者围圈报数后向着一个方向跑动，教练持球站在圈中心，将球向空中抛起喊号，被喊号者应声前去接球。

（10）围圈打猴

此游戏是为了培养运动者的掷球技术，提高反应敏锐度。在练习时要求眼观六路、耳听八方，掷球准确，躲闪机灵。指定几个人当猴，在圈中活动，余者作为猎人手持 2~3 个皮球围在圈外，掷球打圈中的猴（只准打腿部），被击中的猴与掷球的猎人互换。

（11）传球触人

此游戏是为了培养运动者的肢体灵活性和反应速度。要求传球者不得运球或走步违例，闪逃者不准踩线或跑出界外。队员分散站在篮球场内。两个引导人利用传球不断移动，追逐场上队员并以球触及场内闪躲逃跑的队员。凡被球触及者参加传球，直到场上队员全部被触及为止。

（12）追逐拍人、救人

此游戏是为了培养运动者的自我牺牲精神。在游戏时要求判断准确，闪躲敏捷，救人机智。队员分散站在场内，指定 4 名引导人为追逐者，其他队员闪躲逃跑。当有人被追到时，需马上原地站立，两手侧平举。此时，同伴者可去拍肩救他，使之复活逃脱。

第五章　体育教学中不同运动项目的训练实践

第一节　体育教学中篮球运动的训练实践

"篮球教学训练活动是一个有组织、有规划，使学生掌握篮球基本理论、基本技术和基本技能以及提高和保持运动水平的教育过程。在这个过程中，教育者（教师和教练员）起着主导作用。"①

一、篮球运动的技术训练

（一）篮球运动的移动

移动，是篮球技术中攻防技术运用的基础。移动技术是队员在比赛中为了改变速度、方向和高度所采用的各种脚步动作方法的总称。在篮球比赛中，各种攻防技术动作的完成与运用，都需要脚步动作的配合。所以，要求篮球运动员在比赛中积极快速地移动，合理运用各种脚步动作，充分占据有限的地面与空间，争取掌握攻防的主动。因此，在篮球技术教学与训练中，要特别重视移动技术的教学与训练。

移动技术教学顺序是基本站立姿势、起动、跑、急停、转身、跳、滑步，主要是遵循先易后难、先攻后守的顺序。移动技术的教学与练习步骤是，首先在原地练习，让学生体会动作方法和难点，然后在慢跑中学习掌握正确的动作方法，在掌握各种移动技术之后，要结合一对一的攻守对抗练习，培养学生运用移动技术的意识，提高这方面的能力。

---

① 张大伟. 浅析篮球运动教学能力的培养［J］. 品牌，2015（1）：282.

1. 起动

起动是队员在球场上由静止状态变为运动状态的一种动作，是获得位移初速度的方法。突然、快速的起动既是进攻队员摆脱防守的有效方法，也是防守队员抢占有利位置，防住对手最有效的方法之一。

动作方法：从基本站立姿势开始，向前起动时，上体前倾，重心迅速前移，后脚前脚掌用力蹬地，结合手臂协调摆动，向前迈出第一步，起动后的前二、三步步幅要小而快。向侧起动跑时，异侧脚前脚掌内侧蹬地，同时上体迅速前倾或侧转向跑的方向移动重心，手臂协调地摆动，充分利用蹬地的反作用力迅速向要跑的方向跑进。

动作要点：身体重心迅速前移，猛蹬地，步幅小而快。

2. 跑

跑是为了完成攻守任务而争取时间的脚步动作，具有快速、突然、多变的特点。比赛中常用的跑有以下形式：

（1）变速跑

变速跑是一种典型的利用节奏变化快速突破防守的移动步法，是队员跑动中利用速度的变换争取主动的一种方法。

动作方法：加速跑时，两脚要突然短促而有力地连续蹬地，同时上体稍向前倾，加快跑的频率；减速跑时，前脚掌用力抵地来减缓前冲力，同时上体直起，保证身体重心后移。

动作要领：掌握快慢节奏，速度变化明显。

（2）后退跑

后退跑是队员在球场上背对前进方向的一种跑动方法，是队员在由攻转守时为了观察场上情况而采用的一种跑步方法。

动作方法：后退跑时，脚跟提起，两脚提踵，用前脚掌交替蹬地提膝向后跑动，此时上体放松直起，两臂屈肘相应摆动，保持身体平衡，两眼平视场上情况。

动作要领：脚跟提起，上体放松，前脚掌用力蹬地。

（3）变向跑

变向跑是队员在跑动中利用突然改变方向完成攻守任务的一种方法。变向跑与变向后的快速跑结合运用，借以甩开防守，达到接球、抢位的进攻目的。

动作方法：在跑动中，向左变向时，右脚前脚掌落地（脚尖稍向左转），并且用前脚掌内侧用力蹬地，屈膝、腰部随之左转，上体向左前倾，快速移动重心，左脚向左前方跨出，然后加速前进。而向右变向时，动作则相反。

动作要领：前脚掌内侧用力蹬地，重心转移要快，右脚上步快。

（4）侧身跑

侧身跑是上体侧向跑动方向，脚尖对着跑进方向的一种跑动方法。它是队员在向前跑动中为了观察球场上的情况，摆脱防守接侧向传来的球而经常采用的一种跑动方法。

动作方法：在向前快速跑动中，头和上体向球或目标侧转，两脚尖要朝着移动方向，既要保持奔跑速度，又要完成攻守动作。比如做切入时，面向球侧肩转体，用肩压住防守队员接球或护球，加速超越防守。

动作要领：上体前倾自然侧转，脚尖朝前，身体重心内倾。

3. 跳

所谓跳是在球场上争取高度及远度的一种动作方法。跳的方式一般有两种，分别是双脚跳和单脚跳。

（1）双脚起跳

动作方法：起跳时，两膝弯曲降低重心，上体前倾，然后两脚用力蹬地，伸膝、提腰，两臂迅速向前上摆，使身体向上腾起。上体在空中要自然伸展，收腰，下肢放松。落地时，用前脚掌先着地，并屈膝缓冲身体下落的重力，保持身体平衡，以便衔接下一个动作。双脚起跳一般在原地运用，也可以在上步、并步、跳步和助跑情况下运用。

（2）单脚起跳

动作方法：起跳时，起跳腿微屈前送，脚跟先着地，并迅速屈膝过渡到前脚掌用力蹬地，同时提腰摆臂。另一腿快速屈膝上提，当身体达到最高点时，摆动腿自然伸直与起跳腿合并。落地时，双脚要稍分开，注意屈膝缓冲，以便衔接其他动作。单脚起跳一般在助跑的情况下运用。

4. 急停

急停是队员在跑动中突然制动速度的一种动作方法，它也是各种脚步动作衔接和变化的过渡动作。急停的动作主要有两种，分别是跨步急停和跳步急停。

（1）跨步急停（两步急停）

动作方法：在快速跑动中，跨步急停时，第一步跨出要稍大，用脚外侧着地，屈膝，同时上体稍后仰，重心后移。然后，再跨出第二步，脚着地时脚尖稍向内转，用前脚掌内侧蹬地，两膝弯曲，身体稍有侧转，微向前倾，重心移至两脚之间，两臂屈肘并自然张开，帮助控制身体平衡。

（2）跳步急停（一步急停）

队员在中慢跑时，用单脚或双脚起跳（一般离地面不高），上体稍微后倾，两脚同时落地，约与肩同宽，前脚掌用力抵地，屈膝降重心，重心落在两腿之间，两臂屈肘微张以保持身体平衡。

5. 转身

转身是队员以一脚蹬地向前或向后跨步的同时，另一脚做中枢脚进行旋转而改变身体方向的一种动作方法。转身时，重心移向中枢脚，另一只脚的前脚掌蹬地，同时中枢脚以前脚掌转轴用力碾地，上体随着移动脚转动，以肩带腰向前或向后改变身体方向，转身后重心要转移到两脚之间。

转身可以分为前转身和后转身：前转身是移动脚蹬地在中枢脚前方（身前）进行弧形移动；后转身是移动脚蹬地在中枢脚后方（身后）进行弧形移动。

6. 滑步

滑步是防守队员移动的主要动作方法。它易于保持身体平衡，可向任何方向移动。滑步可向侧、向前和向后进行滑动并做后撤步来阻截对方的移动。滑步可分为侧滑步、前滑步和后滑步三种。

（1）侧滑步

从基本站立姿势开始，两脚平行站立，两膝较深弯曲，上体微向前倾，两臂侧伸，身体不要上下起伏，重心保持在两脚之间，眼要注视对手。向左滑步时，右脚前脚掌内侧蹬地的同时，左脚向左侧跨出，左脚落地，右脚向左脚靠拢半步落地，腰胯用力，保持低重心的水平移动。向右滑步时，动作方法相同，移动方向相反。

（2）前滑步

动作方法：两脚前后站立，后脚的前脚掌内侧蹬地，前脚向前跨出一小步的同时，后脚前脚掌内侧用力蹬地向前滑动并保持身体前后开立姿势。前脚同侧臂前上举，另一臂侧下张开。

（3）后滑步

后滑步的动作与前滑步相同，只是移动方向相反。

（二）篮球运动的传接球

传接球技术的教学，首先通过讲解与示范的方法使学生初步掌握原地传接球的动作方法，其次在掌握动作规范的基础上进行移动传接球的教学，并与其他技术相结合，最后再进行防守情况下的练习，从而达到提高在实战中的运用能力之目的。

1. 传球技术动作

（1）双手胸前传球

双手胸前传球是篮球比赛中一种最基本、最常用的传球方法，运用这种方法传出的球迅速有力、到位率高、方向准确，可在不同方向、不同距离中运用，而且便于和投篮、突破等动作结合运用。

动作方法：两手手指自然分开，拇指相对呈"八"字形，持球的两侧用指根以上部位持球，掌心空出，两肘自然弯曲于体侧，并将球置于胸腹之间的部位，身体呈基本姿势站立。传球时，发力于脚趾，后脚前脚掌蹬地，身体重心前移的同时前臂迅速向传球方向伸出，拇指用力拨球，手腕前屈，食指和中指用力拨球并将球传出。球出手后身体迅速调整成基本站立姿势。传球距离近，前臂前伸的幅度就相对较小。远距离的传球，则需加大蹬地、伸臂和腰腹的协调力度。传球距离越远，蹬地、伸臂的动作速度越快。

（2）单手肩上传球

单手肩上传球是单手传球中一种最基本的方法。这种传球力量大，出球方向多，速度快，常用于中远距离传球，在发动长传快攻时运用较多。

动作方法：右手传球时，左脚向传球方向迈出半步，右手托球，同时将球引到右肩上方，肘部外展，上臂与地面近似平行，手腕后仰。左肩对着传球方向，重心落在右脚上，右脚蹬地，向左扭腰转肩，带动右前臂迅速向前挥摆，并扣腕拨球，通过食指、中指用力拨球并将球传出，要有明显的屈腕鞭打动作。球出手后，右脚随着身体重心前移，保持基本站立姿势。

（3）单手体侧传球

单手体侧传球是一种近距离隐蔽传球的方法，主要是近距离的外线队员向内线队员传球时运用，与跨步、突破等假动作结合运用效果较好。

动作方法：两脚开立，双手持球于胸前。右手传球时，左脚向左侧前方跨步的同时将球引至身体右侧呈右手单手持球，出球前的一刹那，持球手的拇指在上，手心向前，手腕后屈。臂向前做弧线摆动，手腕前屈，用食指、中指的力量将球拨出，出球部位在体侧。

2. 接球技术动作

接球是篮球运动中的重要技术之一，是获得球的动作，是抢篮板球和断球的基础。其目的是获得球和控制球，是抢篮板球和抢断得球的基础。在激烈对抗的比赛中，它也是衔接运球、投篮、传球等技术的关键。接球技术主要分为双手接球和单手接球两种。

（1）双手接球

双手接球是一种最基本的接球方法，也是在篮球比赛中运用最多的动作方法之一。接球时，两眼注视来球，两臂伸出迎球，手指自然分开，两拇指相对呈"八"字形，掌心斜向前呈半圆形，以掌外侧小拇指一侧斜对球，当手指触球时，两臂随球后引缓冲来球的力量，两手握球于胸腹之间。保持身体平衡，做好传球、投篮或突破的准备。

（2）单手接球

单手接球控制范围大，能接不同方向的来球，特别是在接高空球和距身体较远的来球时有较大优势。但是单手接球不如双手接球牢稳，因此，在一般情况下应尽量用双手接球。如用右手接球，右脚向来球方向迈出，两眼注视来球。五指自然分开，掌腕微屈成勺形，接球臂向来球方向伸出。当球触手指时，手臂顺势随球下引并向内收，另一手迅速跟上护球，双手将球拉至胸腹之间，保持持球姿势。

（三）篮球运动的运球

运球，是指运动员用手连续拍按从地面反弹起来的球的动作过程。运球在一定程度上反映着运动员控制球和支配球的能力。娴熟的运球不仅是个人摆脱、突破防守的进攻手段，也是组织全队战术配合的桥梁，并且对于发动快攻、突破紧逼防守都起着极大作用。不过，运球的最终目的是为了争取时间和创造战机，因此，在训练和教学的过程中，教师在教给学生运球技术的同时，还应教给学生适时而恰当地选择运球的时机。

运球技术的教学步骤：一般应先教原地运球、行进间高与低运球、运球急停急起、体前变向运球、背后运球、转身运球和胯下运球等动作。教师要向学生讲清运球的目的和作用，以及运球的时机、动作方法、动作要领和关键环节，指导其掌握正确的运球技术。

1. 高运球

通常在没有防守队员时运用。在行进中按拍球的速度较均匀，因此动作简单易学。

高运球的特点是球反弹较高，便于观察场上情况。运球时两腿微屈，上体稍前倾，目平视。以肘关节为轴，前臂自然屈伸，手腕和手指柔和而有力地按拍球的后上方，用指根及指腹部位触球，食指向前。球的落点控制在运球手同侧脚的外侧前方，使球的反弹高度在胸腹之间，手、脚协调配合。快速运球行进时手触球的部位要向后移，用力要稍加大，球的落点离脚要远些。

2. 低运球

运球行进中遇防守队员时减速弯腰屈腿，身体重心下降，屈腕并用手指和指根部位短促地按拍球的后上部，使球控制在膝关节高度，从防守人的一侧超越，继续前进。

3. 运球急停急起

运球急停急起是在对方防守较紧时利用速度的变化摆脱对手。在快速运球中突然急停，使身体重心下降，手按拍球的前上方，使球停止向前运行，目视前方，两脚用力蹬地，上体迅速前倾起动，同时手按拍球的后侧上方，人、球同步快速前进。

4. 体前变向运球

体前变向运球是在快速运球推进中运用的，当对手堵截运球前进的路线时，突然向左或右改变运球方向，从而摆脱对方防守。

动作方法：以右手运球为例，运球队员从防守队员左侧变向突破时先向其右侧做变向运球假动作，当对手移动堵截运球时突然用右手按拍球的右侧后上方，使球经自己体前向左侧前方反弹。同时左脚迅速随球向左侧前方跨步，上体同时向左扭转，身体重心要降低，侧肩贴近防守者，将球压低。当球反弹至腹部高度时右脚蹬地迅速前迈，左手拍球的后侧上方，超越防守。

5. 运球转身

当防守队员采用紧逼防守，离运球队员距离较近时，可用运球转身来突破防守。当对手逼近不能用体前变向运球突破，而且距离又较近时，迅速上左脚，微屈膝，重心移至左脚，并以左脚前脚掌转轴做后转身，右手将球拉至身体的后侧方，并按拍球使其落在身体的外侧方，然后换左手运球，加速超越防守。

6. 背后运球

当对手堵截运球一侧，距离较近，不便于运用体前变向运球时，可采用背后运球，改变方向突破防守。

在跑动中由背后向左变向时，右脚向侧前方跨出，右手拍球的前上方，将球按拉到身后。当球反弹至身后腰部高度时，右手直臂按拍球的右侧后上方，使球向左脚的侧前方落地，随即迈左脚，球反弹后换左手继续向前推拍球，加速超越防守。

（四）篮球运动的投篮

投篮，是进攻队员将球投入对方球篮而采用的各种专门动作方法的总称。投篮是篮球比赛中唯一的得分手段，投篮得分的多少直接决定着比赛的胜负，而一切进攻技战术运用的最终目的都是为了创造更多更好的投篮机会。因此，投篮是整个篮球技术体系的核心，掌握和运用好投篮技术，不断地提高投篮命中率，对于学习篮球运动技能具有十分重要的意义。

投篮教学的技术步骤主要包括：首先教原地投篮，教行进间单手肩上投篮、单手低手投篮，再教原地跳起投篮；其次通过讲解、示范使学生建立完整、正确的投篮技术概念，掌握正确、规范的投篮手法以形成技术动作定型；最后在学生掌握了基本手法和步法的基础上逐渐增加练习的次数、距离、难度、强度、密度等，并在攻守对抗条件下提高投篮的命中率。

决定投篮命中率的因素很多，包括心理因素、技术因素以及外界因素影响等，各因素又相互联系和相互影响。所以，投篮动作要做到身体各部分协调配合和各技术环节连贯正确，特别是良好的心理素质对提高投篮命中率起着至关重要的作用。投篮主要分为以下几种类型：

1. 原地投篮

（1）原地单手肩上投篮

原地单手肩上投篮是行进间投篮和跳起投篮技术的基础，是比赛中最常用的投篮方法。它具有出手点高、便于结合其他动作、不易被封盖等优点，因此在篮球比赛中被广泛使用。

动作方法：以右手投篮为例，双手持球于胸前，肘关节自然下垂，两脚前后或左右开立，两膝微屈，重心落在两脚之间，屈肘，手腕后仰，掌心向上，五指自然分开，持球于右眼前上方，左手扶球侧，上体放松并稍后倾，目视瞄篮点。投篮时，下肢蹬地发力，上肢随着蹬地向前上方伸臂，两手腕同时外翻，手腕前屈，拇指用力拨球，使球通过食、中指端将球投出。球出手时身体随投篮出手方向伸展。

（2）原地双手胸前投篮

原地双手胸前投篮是篮球运动中较早的投篮方法之一，这种投篮方便跟其他技术结合，而且能充分发挥全身的力量，适用于中远距离，女子运用这种投篮技术较多。

动作方法：两手持球于胸前，手指自然分开，拇指相对呈"八"字形，用指根以上部位握球的两侧后下方，手心空出，两臂自然屈肘，肘关节下垂，两脚前后或左右开立，两膝微屈，重心落在两脚上，眼睛注视瞄准点。投篮时，下肢蹬地发力，两臂向前上方伸直，前臂内旋，拇指下压，手腕前屈，食指、中指用力拨球，通过指端将球投出。球出手时身体随投篮出手方向自然伸展，脚跟微提起。

2. 行进间投篮

（1）行进间单手肩上投篮

行进间单手肩上投篮是比赛中广泛应用的一种投篮方法，一般在快攻或突破篮下时运用，也称为跑动中投篮。行进间单手肩上投篮的优点是出手点高，易用身体保护好球。

动作方法：以右手投篮为例，在快速运球或跑动中，右脚向前跨出一大步的同时接球，左脚迅速跟上跨出一小步，同时用全脚掌着地，迅速过渡到前脚掌起跳，右腿屈膝上抬，两手持球上举至肩上头侧，腾空后，右臂向前上方伸展，腕、指动作与原地单手投篮相同。投篮出手后，两脚同时落地，两腿弯曲，以缓冲落地的力量。

（2）行进间单手低手投篮

行进间单手低手投篮的投篮动作多在快速跑动中超越对手并接近篮下时运用，具有速度快、伸展距离远的特点。

动作方法：以右手投篮为例，右脚跨出一大步的同时接球，左脚接着跨出一小步并用力蹬地起跳，右腿屈膝上提，双手向前上方举球。当身体接近最高点时，左手离球，右手外旋，掌心向上，托球，并充分向球篮的上方伸直，接着屈腕，食指、中指用力拨球，通过指端将球投出。

3. 跳起投篮

跳起投篮，简称跳投。其具有突然性强、出球点高和不易防守的优点，可与传球、运球突破等动作结合，可在原地、行进间急停或背对球篮接球后转身等情况下运用。

动作方法：以右手投篮为例，两手持球于胸前，两脚左右或前后开立，两膝微屈，重心落在两脚之间。起跳时两膝适当弯曲，接着前脚掌蹬地发力，向上迅速摆臂举球并起跳，双手举球于肩上或头上，左手扶球左侧。当身体接近最高点时，左手离球，右臂向前上方伸展，手腕前屈，食指、中指拨球，通过指端将球投出。

4. 扣篮

扣篮是直接将球由上向下灌入篮内的一种投篮方法，它是投篮技术发展中的又一个重要标志，它改变了投篮的一般规律。由于它投篮出手点接近球篮又高于球篮，又有最佳的入射角，所以无须考虑抛物线这一因素。在世界强队比赛中，扣篮得分所占的比例越来越大，扣篮方式随着实践发展而多样化，有原地扣、行进间扣、单手扣、双手扣、正手扣、反手扣、凌空接扣等。由于扣篮是直接将球由上向下灌入篮圈，因此有出手点高、球速快、攻击性强、难封盖、准确性高等特点，但也是难度较大的投篮方法，必须有很好的身体素质，特别是弹跳力和控制球能力。以下主要论述两种扣篮方式：

（1）行进间单脚起跳单手扣篮

以右手为例，行进间右脚跨出的同时接球，紧接左脚迈出一小步制动并用力蹬地向上跳起，上体充分伸展，高举手臂将球举至最高点，超过篮圈的高度并有适宜的入射角时，用屈腕的动作将球自上而下地扣入篮圈之中。球离手后特别要注意对身体的控制和落地屈膝缓冲。

（2）行进间单脚起跳双手扣篮

双手持球，双脚用力蹬地向上跳起，同时将球上举，充分伸展身体，双手举球至最高点，当球举过篮圈高度时，双手屈腕，将球自上而下扣入篮圈。球离手后注意控制好身体平衡，落地屈膝缓冲。

5. 补篮

补篮是指投篮未中，球刚从篮圈或篮板弹出时，在空中运用单手或双手将球托入或拨入篮圈的投篮动作。补篮是一种无明显持球动作直接用力投篮的方式。补篮时，队员应根据腾空后人、球、篮的相对位置、高度、角度以及防守情况，灵活地选择补篮的方法。以下是两种基本补篮方法：

单手补篮：以右手为例，当球从篮圈或篮板反弹时，要准确地判断球的反弹方向，及时起跳，手臂向球的方向伸出，当跳至最高点，手臂接触球的一刹那，在空中用手指手腕的力量将球投入篮圈。

双手补篮：球反弹方向在头的正上方时多采用双手补篮。起跳后，双手触球时可用拨球的方式将球投向篮圈，其他动作与单手补篮基本相同。

（五）篮球运动的抢篮板球

篮球比赛中双方队员在空中争抢投篮未中的球称为抢篮板球。其分为抢进攻篮板球和抢防守篮板球。当进攻队投篮未中，自己或本方队员争抢在空中的球时，称为抢进攻篮板球或前场篮板球。对方投篮未中，防守队员争抢在空中的球，称为抢防守篮板球或后场篮板球。篮板球的争夺是攻守矛盾转化的关键，是增加进攻次数的有力保证，它对比赛的胜负起着至关重要的作用。

1. 抢篮板球的技术步骤

抢篮板球技术的教学顺序是移动、抢占位置、判断起跳、抢球。教学与训练中，首先要使学生明确抢篮板球的重要性，在进行抢篮板球技术训练中要注意培养学生勇猛顽强的战斗作风和积极拼抢的意识，养成每投必抢的习惯；其次可采用分解教学的方法，先练习原地起跳、抢球，再练习移动抢位、挡人、起跳抢篮板球的完整技术，并逐渐加大难度；最后在对抗的条件下练习或在比赛中进行抢篮板球练习。同时要在掌握投篮不中时球的反弹、落点规律的基础上，提高抢进攻篮板球时的冲抢意识和抢防守篮板球时的挡抢意识。

2. 抢篮板球的技术动作

抢进攻篮板球是进攻队的一个重要进攻环节，是争取继续控球权的重要手段，也是争取获胜的主要途径之一。进攻队员抢篮板球时一般处于防守队员的外侧，需要移动和摆脱对手，因此，抢进攻篮板球时要突出一个"冲"字。

动作方法：篮下进攻队员抢篮板球，当同伴投篮的时候，靠近球篮的进攻队员要及时判断球的反弹方向，然后先向相反方向的侧前方跨步，做身体虚晃的假动作，诱开身前的防守队员，利用绕跨步挤到对手的前面或侧前面，抢占有利位置，借助跨步或助跑起跳，至最高点补篮或抢篮板球。处于外线位置队员抢篮板球，当同伴投篮时，如进攻队员面向球篮，则首先要观察判断球的反弹方向、速度和落点，突然起动冲向球反弹方向进行补篮或抢获篮板球。以从防守人身后左侧冲抢为例，进攻队员面向球篮时，右脚向右侧跨步，向右侧做假动作，随后以左脚为支撑脚，右脚向左跨出一小步，重心移至左脚，同时右脚立即向前跨步绕前，挤靠防守人，跳起抢篮板球或补篮。

总之，进攻队员抢篮板球要准确判断时间，绕步冲阻，及时起跳，补篮或组织第二次进攻。

（六）篮球运动的持球突破

持球突破是持球队员运用脚步动作和运球技术快速超越对手的一项攻击性很强的技术。良好的突破技术能打乱对方的防守部署，创造更多的攻击机会，若能巧妙地与投篮、传球假动作有机地结合起来，能使进攻战术更加灵活、机动。因此，在持球突破技术的教学和训练过程中，教师不仅要教给学生规范的技术动作，而且要重视培养学生的突破意识和临场观察判断能力。

1. 持球突破的技术步骤

在持球突破技术教学中，教学时应先教交叉步持球突破，再教同侧步持球突破，避免两种突破方法相互混淆。在具体教学中，教师应首先通过形象的讲解、正确的示范，使学生建立正确的动作概念，不要在细节上花费过多精力，以免因过强或过弱的刺激引起泛化现象，应强调掌握动作的主要环节，以取得重点突破的效果。同时，教学步骤和方法应遵循由易到难、由简到繁的原则，先学单个技术动作，再学组合技术动作，最后在消极防守和积极防守中学会运用。在练习中还应学会两脚都能做中枢脚，同时防止带球走违例。

2. 持球突破的技术动作

（1）交叉步持球突破

交叉步持球突破是在离防守队员较近时采用的方法，因为交叉步持球突破更容易护球，也可减少走步违例，所以初学者运用较多。

动作方法：以左脚为中枢脚为例，两脚左右开立与肩同宽，两膝微屈，重心控制在两腿之间，持球于胸腹之间。突破时，右脚前脚掌内侧迅速蹬地，将重心移至左脚，同时向左前方跨步，上体左转探肩，将球引于左侧，在左脚离地前用左手推球于防守者的右侧，同时左脚全力蹬地，加速超越防守队员。若在突破中能有机地结合投篮、虚晃、传球等假动作，成功率更高。

（2）同侧步持球突破

同侧步持球突破，一般在离防守队员较近，防守队员失去身体重心，尤其是向一侧失去重心过多时运用。

动作方法：以左脚为中枢脚为例，突破前，两脚左右开立稍大于肩，两膝微屈，重心控制在两腿之间，持球于胸腹前。突破时，左脚掌内侧蹬地，右脚迅速向防守队员左侧方迈出，脚尖向前，上体稍右转，同时探肩，重心前移，在左脚离地前，用右手推拍球于迈出脚的侧前方，左脚迅速蹬地并向右前方跨出，加速运球超越对手。

（七）篮球运动的防守技术

防守技术，是防守队员为阻挠和破坏对手的进攻，合理运用脚步移动和手臂动作，积极抢占有利位置，以达到争夺控制球权的目的所采用的各种专门动作方法的总称。因现代篮球比赛中特别强调攻守平衡，对一个高水平的篮球队来说，谁具备攻守平衡能力谁就能取得胜利。

防守队员要积极地抢占合理的位置，干扰、破坏对手的进攻行为，争夺控制球权，同时，还要想方设法破坏对方的战术配合和降低对方的进攻速度。防守对手既是个人防守技术，也是集体防守战术配合的基础。因此，必须高度重视个人防守技术的教学训练，促进防守和进攻技战术的全面提高。

1. 抢防守篮板球

防守队员抢篮板球要突出一个"挡"字，利用自己占据篮下或内侧位置挡抢篮板球。篮下队员抢篮板球，当进攻队员投篮的时候，根据对手移动的情况和位置运用上步、撤步和转身等动作把进攻队员挡在后，并抢占有利位置。因距离篮较近，攻守距离也近，多采用后转身挡人。挡人抢位动作应是低重心，两肘外展，抢占空间面积，保持最有力的起跳姿势。挡人主要是为了延误对手抢位起跳，所以转身挡人动作完成后，应迅速起跳抢篮板球。也可以适时合理地运用直接冲抢篮板球的方法，获球后最好能在空中将球传给同伴，完成发动快攻的第一传；如没有机会，落地后应侧对前场，观察情况，迅速传球发动快攻或运球突破摆脱防守后及时将球传给同伴，要充分发挥篮板球的攻击作用，不能只是消极地保护球。

2. 防守持球队员

防守持球队员的主要任务是尽力干扰和破坏其投篮，堵截其运球突破，封锁其助攻传球，并积极地运用抢、打、断球的技术，从而达到控制球权的目的。

防守持球队员时，防守人应站在对手与球篮之间，使对方、自己和球篮保持在一条直线上。一般来讲，离篮远则远，离篮近则近。同时还应根据对手的进攻技术特点以及防守战术的需要调整防守距离。

由于场上的情况是千变万化的，防守时应根据持球队员的进攻特点、意图及球篮距离不同，技术动作也有所不同。从脚步动作来讲，通常防守持球队员有以下两种防守方法：

第一，平步防守。两脚平行站立，两手臂侧伸不停挥摆。这种站位防守面积大，攻击性强，便于向左右移动，适合于贴身防守运球突破。在对手运球停止时，封堵传球以及进行夹击防守配合均可运用平步防守。

第二，斜步防守。两脚斜前站立，前脚的同侧手臂上伸，另一臂侧伸，两膝弯曲，降低重心。这种方法便于前后移动，对防投篮比较有利。不论采用什么防守方法，都要积极移动，当对方持球或运球突破时，应迅速后撤堵截其突破路线，迫使对手处于被动。当对手做各种假动作时，要判断真假，不要被其迷惑而失去合理的防守位置。当对手投篮时，要准确地判断其起跳时间，及时起跳进行封盖。

3. 防守无球队员

在篮球比赛中，防守队员绝大部分时间是防守无球队员。防守无球队员的主要任务是，不让对手在有效攻击区内顺利接球，随时准备抢断传向自己对手或穿越自己防区的球，并快速地进行反击。

（1）防守位置

正确占据有利的防守位置，是防守成功的重要条件。选择防守位置要做到"球、人、区"兼顾。也就是说防守队员要根据对手、球篮和球的位置与距离，以及对手的身高、速度、进攻特点、战术需要和自身防守能力来选择防守的位置和距离，选位于对手与球篮之间偏向有球一侧的位置上。

（2）防守姿势

正确的防守姿势能保证扩大控制面积并及时向不同方向移动。选择防守姿势与对手和球的距离远近有关。

强侧防守：防守距离球较近的对手时，经常采用面向对手侧向球的斜前站立姿势。靠近球侧的脚在前，屈膝，重心在两脚之间，便于随时启动，堵截对手摆脱防守后移动接球的路线。伸右侧手臂，拇指朝下，掌心向球，封锁传球路线，干扰对手接球。

弱侧防守：防守距离球较远的对手时，为了便于人球兼顾和协防，经常采用面向球，侧向对手的站立姿势。两脚开立，两腿稍屈，两臂伸于体侧，掌心向着球的方向。密切观察球、人的动向，并随着球或人的移动而不断地通过滑步调整自己的防守位置。

（3）脚步动作

防守时，防守队员要根据球和人的移动，合理地运用脚步动作来保证及时占据有利的防守位置，争取主动。在与对手发生对抗时，重心下降，双脚用力蹬地，两腿弯曲，扩大站位面积，上体保持适宜紧张度，在发生身体接触瞬间提前发力，主动对抗。合理使用手臂动作干扰对手视线，以扩大防守空间，保持身体平衡，快速移动，抢占有利位置。

二、篮球运动的战术训练

（一）篮球运动的进攻战术训练

进攻战术基础配合是在篮球比赛中，进攻队员两三人之间有目的、有组织、相互协同行动的配合方法。进攻战术基础配合包括传切配合、掩护配合、突分配合和策应配合。

进攻战术基础配合的教学内容应安排在基本技术教学之后、防守战术基础配合之前进行。进攻战术基础配合的教学，首先应通过讲解和演示使学生明确基础配合的概念、配合方法、移动路线、运用的时机、行动的顺序等。

教学中应抓住重点教材中的重点部分，以点带面。传切配合重点强调如何摆脱对手及传球技术运用。突分配合重点掌握突破分球的时机、传球方法及切入队员的路线。掩护配合重点强调掩护动作、距离、位置、角度和掩护后的转身及移动方向。策应配合重点强调策应技术动作的运用、绕切的路线及传球的方法。与此同时，在选择教学方法时，首先在固定条件下练习配合的方法、路线、时机，然后再设置假设的对手或标志物，进行以简单对抗条件为背景的练习。加强教学组织管理，对每个重要教学环节要严格要求，提高战术意识，并强调合作意识的培养与配合的质量，从而为学习整体战术配合打好基础。

1. 传切配合

传切配合是一种最基本的简单易行的进攻方法，一般在对方采用扩大盯人防守战术或区域联防时运用。传切配合包括一传一切配合和空切配合。随着现代篮球高空技术和技巧的发展，其具有配合简洁、突然、攻击性强的特点，同时一传一扣和空切与空中接球直接扣篮配合也是比赛中经常使用的方法。

（1）传切配合的方式

①一传一切配合，持球队员传球后，利用起动速度或假动作摆脱防守，向篮下切入接回传球投篮的配合；②空切配合，是指无球队员掌握时机摆脱对手，切向防守空隙区域接球投篮或做其他进攻配合。

（2）传切配合的要求

①必须有一定的配合空间及合理的切入路线；②切入队员首先要掌握好切入时机，切入队员抓住防守队员选位不及时或注意力分散的空隙，快速起动，或利用假动作摆脱对手；③传球队员动作要隐蔽，及时准确。

（3）传切配合的练习

①练习假动作摆脱防守，判断摆脱防守的时机；②练习传球的时机与准确性，增加配合默契程度；③进行横切、纵切、空切配合综合练习。

2. 掩护配合

掩护配合是指进攻队员之间选择合理的位置，用自己的身体以合理的技术，挡住同伴防守者的移动路线，使同伴得以摆脱防守，或利用同伴的身体和位置使自己摆脱防守而获得进攻机会的一种配合方法。

掩护配合有多种形式和方法，根据掩护者和被掩护者身体位置的不同，有前掩护、侧掩护和后掩护三种。而根据掩护者的移动路线、方法和变化的不同，有反掩护、假掩护、运球掩护、定位掩护和连续掩护等。

（1）掩护配合的方式

第一，侧掩护配合。侧掩护是指掩护队员站在同伴防守者的侧面，用身体挡住防守者的移动路线，使同伴得以摆脱防守的一种掩护方法。

第二，后掩护配合。后掩护配合就是前锋为后卫做后掩护。

第三，前掩护配合。掩护队员站在同伴防守者的前面，用身体挡住防守者向前移动的路线，使同伴借机摆脱防守接球进行攻击的一种掩护方法。

（2）掩护配合的要求

第一，掩护者应选择正确的掩护位置和动作，掩护的一刹那，掩护队员身体是静止的，并与对方队员保持适当的距离，两脚平行开立，两膝微屈，上体微前倾，两臂屈肘放于体侧或交叉放于胸前，有利于自我保护和攻守对抗。同时注意掩护要符合规则，不能有推、拉、顶等非法的动作，与对方队员发生身体接触时不能再用跨步等动作去阻挡。

第二，掩护时同伴之间的配合时机非常重要，过早或过迟的行动都会使掩护失败，掩护时队员配合要默契，被掩护的队员要配合掩护队员，运用假动作吸引对方。当同伴到达掩护位置时，摆脱对手的动作要突然、快速。

第三，掩护结束后，掩护队员要采用后转身动作挡住对手追赶其防守的同伴，堵截其追赶路线，并伺机接球进攻或冲抢篮板球。

3. 突分配合

突分配合是持球队员利用突破技术摆脱防守，当遇到其他防守队员补防造成防守部署打乱时，迅速将球传给有利于进攻位置的同伴的一种配合方法。突分配合经常在对方采用人盯人防守或区域联防时运用，其可打乱对方的整体防守部署，压缩防区，从而给同伴创造最佳的外围投篮或篮下进攻的机会。

（1）突分配合的方式

突分配合是持球从底线突破，遇到对手补防时，及时传球给横插到有利位置的队友投篮的一种方式。

（2）突分配合的要求

①突破前要首先观察场上具体情况，当对方的防守部署利于突破时，

要果断实施突破；②队员在突破中动作要快速、突然，要随时观察场上攻守队员位置的变化，及时准确地传球；③当持球队员突破后，其他的进攻队员都要摆脱对手，离开原先的位置，切向空隙区域，准备接球进攻或抢篮板球。

（二）篮球运动的防守战术训练

防守战术基础配合是指两三名防守队员，为破坏对方的进攻配合，或当同伴防守出现困难时，及时互相协作防守的方法。防守战术基础配合包括抢过、穿过、绕过、关门、夹击、补防和交换防守配合等。

第一，穿过配合。穿过配合是破坏掩护配合，及时防住对手的一种配合。当进攻队员进行掩护时，掩护队员的防守者要及时提醒同伴并主动向后撤一步，让同伴及时从自己和掩护队员之间穿过，以便继续防住各自的对手。

第二，绕过配合。绕过配合是指破坏对方掩护配合及时防守自己对手的一种配合。当进攻队员进行掩护时，防守队员要及时提醒自己的队员，并主动贴近对手，让队员以最快的速度、最短的距离从自己的身旁绕过，继续防住自己的对手。

第三，"关门"配合。"关门"配合是指两名防守队员靠拢协同防守突破的一种配合方法，形同关门一样，将人堵在外面。

第四，交换防守配合。交换防守配合是一种为了破坏对方的掩护配合，防守队员之间及时交换自己所防对手的一种配合方法。当进攻队员进行掩护时，防守队员移动线路被阻，因此当进攻队员伺机摆脱防守时，防守队员应及时交换防守对象。

第五，挤过配合。挤过配合是指对方进行掩护时，防守队员在掩护队员接近自己的一刹那，迅速抢前横跨一步贴近自己的对手，并从两个进攻队员之间侧身挤过去，继续防守自己对手的一种配合方法。防守掩护队员的同伴要及时呼应，并配合行动，以备补防。

第二节　体育教学中足球运动的训练实践

"足球运动是世界上开展范围最广，参与人数最多，被称为'世界第一运动'的体育项目。在所有的国际赛事中，足球赛事耗时最长，全场共 90 min；占地面积最大，以世界杯场地面积为准，则长度为 105 m，宽度为 68 m；是运动员在比赛过程中跑动最多的赛事。"① 足球运动是以脚支配球为主体，在踢、运、停、顶、守门等基本技术的基础上两队互相攻防、对抗，以射门为目标，以射入球多少判定胜负的球类运动。足球运动的激烈对抗性有利于培养大学生的顽强拼搏精神、团队精神和意志品质，全面改善和发展大学生的身体素质。

一、足球运动的技术训练

（一）足球运动的控球

控球，是持球队员以脚的各个部位，通过拖、拨、扣、颠、推、挑等动作，将球置于自身控制范围之内的技术。

第一，拖球。拖球是脚底触球的上部，将球由前向后或由左（右）向右（左）进行拖拉的动作。当拖球到位后，一般均以脚内侧做挡球动作，然后进入下一动作。

第二，拨球。拨球是持球队员用脚腕抖拨的动作，以脚背内侧或脚背外侧触球，使球向侧方或侧后（前）方滚动。拨球根据脚触球部位的不同分"内拨"和"外拨"两种，运用脚背内侧拨球称为"内拨"，以脚背外侧拨球称为"外拨"。拨球技术通常是与对手相持，当对方伸脚抢截球的一刹那，以拨球技术避开抢截从对方一侧越过时运用的技术。

第三，扣球。扣球是持球队员快速转身变向，用踝关节急转压扣的动作，以脚背内侧或脚背外侧触球，将球迅速停住或转变球滚动的方向，用脚背内侧扣球的动作称为"内扣"，用脚背外侧扣球的动作称为"外扣"。扣球动作

---

① 李成倩. 浅谈足球运动的体能训练 [J]. 当代体育科技，2020，10（34）：51.

改变方向后，用推、拨动作突然加速越过对手。

第四，颠球。颠球是持球队员用身体各有效部位连续击球，并尽量不使球落地的技术动作。经常练习，能有效地促进人体对球的各种特性（弹性、重量、旋转等）的熟练程度，同时加深练习者对触球部位击球力量的感觉。颠球的部位包括脚背、脚内侧、脚外侧、大腿、头部、胸部、肩等。

足球控球主要采用重复练习法：学生可以采用一人一球、两人一球的练习形式，在规定的时间内，将拖、拨、扣、颠球等控球技术重复练习一定的次数和组数。

（二）足球运动的踢球

踢球，是有目的地把球传给同伴或射门，它是完成战术配合的主要手段，同时也是足球基本技术中的主要技术。踢球的方法有很多种，包括脚内侧踢球、脚背正面踢球、脚背内侧踢球等，无论采用何种踢球方法，其动作过程都由助跑、支撑、摆腿、击球和跟随动作五个部分组成。

1. 脚内侧踢球

（1）直线助跑，最后一步步幅稍大，支撑脚踏在球侧 12~15 cm 处，膝关节微屈，脚尖正对出球方向。

（2）踢球脚屈膝外展，脚底与地面平行，脚尖微上翘。

（3）小腿加速前摆，用脚内侧部位击球的中后部，用推送或敲击的踢法将球击出。

2. 脚背正面踢球

（1）直线助跑，最后一步步幅稍大，支撑脚积极着地，踏于球侧 10~12 cm 处，膝关节微屈，脚尖正对出球方向。

（2）踢球腿以髋关节为轴，大腿带动小腿由后向前摆动击球的一刹那，脚面绷紧，脚背绷直。

（3）小腿加速前摆，以脚背正面部位击球的后中部。

（4）击球后，身体及踢球腿随球前移。

3. 脚背内侧踢球

（1）斜线助跑，与出球方向约成 45°，最后一步略大，支撑脚外沿积极着地，踏于球的侧后方 20~25 cm 处，膝关节微屈，脚尖指向出球方向。

（2）身体稍向支撑方一侧倾斜，踢球腿以髋关节为轴，大腿带动小腿向前摆，大腿摆至与支撑腿接近同一平面时，小腿加速做鞭打动作。

（3）踢球腿击球时，脚尖稍外转指向地面，脚趾紧扣，脚背绷直，脚跟提起。

（4）以大腿带动小腿加速前摆，根据传球的目的，比如击球的后中部或中下部，传出的球会出现高、中、低不同的效果，击球后继续随球前移。

踢球应注意：①传球不准确，应调整支撑脚的站位；②传球力量不够，应加快小腿摆动速度；③传球落点不准确，应注意整体动作的协调性和脚形的准确性。

踢球技术实际练习：①两人一组，一人用脚底踩住球，另一人采用一步或三步助跑做各种踢球动作的模仿练习；②对墙踢球练习；③两人一组，相距一定的距离，互相踢球练习；④踢准练习。

（三）足球运动的运球

运球技术，是指持球队员在跑动过程中有目的地用脚的某一部位推拨球，使球保持在自己控制范围内的连续触球动作。运球技术包括运球和运球突破，常用的运球方法有脚背正面运球、脚背内侧运球、脚背外侧运球等。

1. 脚背正面运球

（1）持球队员运球跑动时身体自然放松，上体稍前倾，步幅稍小，两臂屈肘自然摆动。

（2）在运球脚提起时膝关节微屈，脚跟提起，脚背绷紧，脚尖向下。

（3）在迈步前伸着地前，用脚背正面推拨球前进。

2. 脚背内侧运球

（1）持球队员身体自然放松，上体前倾并向运球方向转动，步幅小，双臂自然摆动。

（2）运球时膝关节稍弯曲，脚跟提起。

（3）脚尖稍向外转，在迈步前冲着地前，用脚背内侧推拨球。

3. 脚背外侧运球

（1）持球队员身体自然放松，上体稍前倾，双臂自然摆动，步幅中小。

（2）运球时膝关节弯曲，提脚跟。

（3）脚尖内扣，用脚背外侧推拨球的后中部。

运球练习应注意：①运球和运球突破技术一般采用重复练习方法，可运用无对抗练习、消极对抗练习、积极对抗练习及小组比赛练习等形式，练习要求可根据练习者的水平进行调整；②运球时步幅要小，身体重心应紧跟球的移动；③运球时要注意随时抬头观察情况。

运球技术实际练习：①走与慢跑中，先单脚后双脚，先直线后曲线；②在人丛中或 5 m 内间距的绕杆运球；③运球过人练习或变换运球速度的练习；④控好球并结合假动作练习；⑤离场队员观看其他运球队员练习。

（四）足球运动的接球

接球，是队员有意识、有目的地利用身体的合理部位，把运行中的来球停挡在自身控制范围之内的技术。一般常用的接球方法有脚内侧接球、脚底接球、胸部接球、大腿接球等。不管何种接球方法，都包括判断球速、落点、接球及接球后控球四个过程。

1. 脚内侧接球

脚内侧接球包括接地滚球、接反弹球和接空中球三种技术。

（1）接地滚球的动作要领

①支撑脚正对来球，膝关节微屈；②接球脚屈膝外转，脚尖稍翘起主动前迎来球；③球接触脚内侧的一刹那，接球脚后撤缓冲，把球控制在便于衔接下一个动作处。

（2）接反弹球的动作要领

①支撑脚踏在球的落点侧前方，屈膝上体稍前倾；②接球脚放松提起，用脚内侧对准球的反弹角度；③当球反弹刚离地时，用脚内侧部位推压球的中上部。

（3）接空中球的动作要领

①根据来球的高度，接球脚举起前迎，对准来球路线；②当球与脚内侧

接触瞬间，后撤缓冲；③把球控制在有利于衔接下一个动作的位置。

2. 脚底接球

脚底接球包括接地滚球和接反弹球两种技术。

（1）接地滚球动作的要领

①支撑脚踏于球的侧后方，屈膝脚尖正对来球；②接球脚提起，自然屈膝，脚尖上翘高于脚跟，踝关节放松；③用脚掌前部触球的中上部。

（2）接反弹球的动作要领

①支撑脚踏在球落点的侧后方，对准来球反弹角；②当球着地瞬间，用脚掌前部对准球的反弹路线，推压球的中上部。

3. 胸部接球

胸部接球是利用胸部接球的一种技术动作，其特点是面积大，有弹性，争取接球时间，易于掌握。胸部接球分挺胸式和收胸式两种方法。

（1）挺胸式接球的动作要领

①面对来球，双臂自然张开，两脚分开微屈膝，重心落于两脚之间；②当胸部与球接触前的一瞬间，两脚蹬地，胸部稍上挺，收腹，上体后仰缓冲来球力量；③以胸部触击球后，使球落于自己能控制的范围内。

（2）收胸式接球的动作要领

①面对来球，两脚开立，双臂自然张开，挺胸迎球；②当球与胸部接触前的一瞬间，收胸、收腹，同时臂部后移，使来球得以缓冲；③以胸部接球后，使球落于自己能控制的范围内。

4. 大腿接球

（1）大腿与球接触的一刹那，迅速撤引缓冲。

（2）以大腿中部接触下落的球，使球落于有助于衔接下一个动作的位置处。

接球练习应注意：①接球练习形式繁多，一般采用重复练习方法；②练习时要从实战与战术配合角度出发；③2~4人为一练习组较为合适；④教师应根据学生的基础，安排切实可行的练习内容与方法。

接球技术实际练习：①利用足球墙进行各种接球技术练习；②将球踢高，完成各种接反弹球的练习（用手抛高球亦可）；③2人一组，相隔一定的距离，练习踢球、接球动作；④多人三角传球、接球练习。

（五）足球运动的头顶球

头顶球，是指队员有意识、有目的地用前额正面或侧面将球击向预定目标的动作。足球比赛中，头顶球是传球、射门和抢截的有效手段之一，常用的头顶球有原地、起跳、跑动、鱼跃等方式。头顶球作为争取时间、争夺空间的有效手段，在比赛中被广泛使用。

1. 原地前额正面头顶球

（1）身体正对，两眼注视来球，两脚前后开立，微屈膝，上体后仰展腹，重心落于后脚，双臂自然张开。

（2）球运行至身体垂直上方时后脚用力蹬地，收腹，快速向前屈体，重心由后脚移向前脚。

（3）击球时，颈部肌肉紧张，用前额正面顶球的后中部，上体随球前摆。

2. 起跳前额正面头顶球

（1）原地起跳时双脚用力蹬地，两臂屈上摆自然张开，身体在上升中，上体后仰展腹成反弓形，注视来球。

（2）球运行至身体垂直上方时，收腹，上体快速前摆，颈部紧张。

（3）用前额正面把球顶出，随后屈膝缓冲落地。

头顶球应注意：①练习时应运用自抛自顶的重复练习法，也可以借助墙练习，还可以接同伴抛来或传来的球，要求有目标、有意识地提高头顶球技术的准确性；②顶球时不能闭眼、缩颈，要主动迎球，颈部保持紧张；③准确判断起跳时间和来球的速度与落点。

头顶球技术实际练习：①各种头顶球技术的模仿练习；②2人一组，一人抛球另一人做头顶球练习，交替进行；③自抛自顶或2人对顶。

（六）足球运动的抢截球

抢截球，是转守为攻的积极手段，是防守技术的综合体现。抢截球包括抢球和截球两部分内容：抢球是指在足球规则允许的条件和动作下，把对手控制的或将要控制的球抢夺过来或破坏掉；截球是指将对手相互间传出的球堵截或破坏掉。

1. 正面跨步抢截球

（1）两脚前后开立，膝微屈，身体重心下降并落于两脚间。

（2）当对手脚触球后，脚即将落地或刚落地瞬间，抢球者后脚用力蹬地，抢球脚以脚内侧堵截球，当球被堵时另一脚快速跟上。

（3）如双方同时触球，则抢球脚顺势向上提拉，使球从对手脚背滚过，然后身体重心迅速跟上，控制球。

2. 侧面合理冲撞抢球

（1）当防守队员与对手并肩跑动追球时身体重心下降。

（2）用靠近对手方一侧手臂的肩部以下肘以上的部分贴紧自己身体去冲撞对手相同部位。

（3）使对手失去平衡而失去球的控制，乘机把球夺下。

抢截球技术练习应注意：①最好是在对抗的条件下并结合简易的攻防战术练习，效果较能体现，在练习过程中，若能结合游戏则有利于提高练习兴趣；②抢截球时机要准确，要合理；③抢球时动作要迅速果断。

抢截球技术实际练习：①在无球情况下做抢截球各种技术的模仿练习；②2人一球，一人运球另一人完成抢截球练习，交替进行；③2人相对站立，中间放一球，听信号后做抢球练习。

（七）足球运动的掷界外球

掷界外球，是指按足球竞赛规则规定，在比赛中用手将越出边线球掷入场内，恢复比赛的一项技术。掷界外球有原地掷界外球和助跑掷界外球两种方法。

1. 原地掷界外球

（1）面向比赛场地，双手持球于头后。

（2）用连贯的动作把球从头后经头顶掷入场内。

（3）球掷出后，双脚均不得离地和踏进场内。

2. 助跑掷界外球

（1）助跑时双手持球于胸前，助跑距离不宜太长。

（2）掷球的动作与原地掷界外球相同。

掷界外球练习应注意：①可以单人对墙进行掷球练习，也可以采用2人对掷界外球练习或一人掷球另一人接球，2人轮流练习的形式；②足球规则规定，掷界外球时脚不能离地、进场或远离规定的掷球点。

掷界外球技术实际练习：①2人一球互掷，距离可由近至远；②如果需要增加掷球远度，可用实心球代替。

二、足球运动的战术训练

（一）足球运动的进攻战术训练

1. 个人进攻战术

个人进攻战术，是队员在比赛中，为了战胜对手，完成整体进攻任务而采取的个人行动，包括摆脱、跑位、传球、射门等。

（1）摆脱与跑位

每当队员得球，都要发动进攻，同队队员要迅速摆脱对手，造成空当，给持球同伴创造多条传球路线，以便更好地进攻。摆脱对手紧逼，可采用突然启动、冲刺跑、急停、突然变向、变速和假动作等技术。跑位就是有目的地跑向有利位置或空当。跑位能使自己在短时间内摆脱对手从而接球，推进进攻。

（2）传球

传球是配合的基础，是完成战术配合创造射门机会的主要手段。选择目标、把握时机、控制力量与方向是传好球的重要环节。

（3）射门

射门是一切战术配合的最终目的，准确、有力地射门，往往使守门员猝不及防而失球。

2. 局部进攻战术

局部进攻战术，是指进攻中两队或几个队员之间的配合方法。它是集体配合的基础，其配合形式有"二过一"配合、传切配合、三人配合等。局部进攻战术通常以"二过一"配合为基础，"二过一"配合是在局部地区由两名进攻队员通过两次以上的连续传球配合，实现越过一名防守队员目的的行动。"二过一"配合包括"斜传直插二过一""直传斜插二过一""回传反切二过一""踢墙式二过一"以及"交叉掩护二过一"等方法。

3. 整体进攻战术

（1）阵地进攻中的边路传中

边路传中是指在对方半场两侧地区发动的进攻，通过传中来创造射门机会，此方法是针对对方边路防守人数较少、空间较大的缺点，突破防线，然后传中，由中路或异侧的同伴包抄完成射门。

（2）阵地进攻中的中路渗透

中路渗透一般有后场发动进攻、中路发动进攻、前场发动进攻三种形式。

（3）阵地进攻中的中路转移

中路转移指的是在比赛中，由于中路聚集着双方较多的队员，中路渗透不能奏效，因而将球从中路转移到边路以分散防守力量，然后再从边路突破或者传中的一种进攻战术。

（4）快攻

快攻是非常有效的一种进攻战术，主要特点就是快速，在由守转攻时对方的防守还不是很到位，通过最简单的快速传递配合来创造射门机会。快攻的主要战术有：①守门员截住对方射门的球时快速地踢球或手抛球从而发动进攻；②在中前场抢截到对手的球时快速发动进攻；③在中后场获得任意球时快速发球也能形成快攻机会。

（二）足球运动的防守战术训练

1. 防守组合要素

同进攻组合要素相同，防守组合要素也根据防守队员的数量来配置，包括封堵与抢截队员、紧逼盯人队员、保护与补位队员等。防守队员防守位置不同，防守角色不同，防守的战术方法手段也不同。封堵、抢截队员主要对攻方控球队员实施防守，紧逼盯人队员主要是对攻方插上队员和有可能接球的队员实施防守，保护与补位队员是为防守同伴提供支援帮助和对攻方突破或插上控球队员实施防守。

（1）施压

攻方队员往往会通过各种手段摆脱防守队员的盯防，也常常利用控球的优势来调动防守队员，以期达到制造射门的机会。因此，防守时，防守一方要不断地采取逼、抢、夹击等手段向攻方队员施加压力，使攻方队员的活动受到限制，处于一种紧张忙乱的被动状态。施压要把握好时机与场区。施压的场区选择：一是在对方罚球区附近和中后场；二是当控球队员处于边角地区没有传球角度或传球角度较小时，除对控制球的攻方队员采取紧逼盯人防守外，对于附近的攻方接应队员也同时采取紧逼盯人防守。

（2）回撤

由攻转守时，当有其他队员封堵控球队员时，其他无球防守队员要尽可能地快速回撤、分离、隔断攻方队员间的联系，在回撤过程中注视攻方进攻的局势变化和方向，不断调整回撤的位置和速度，不断压缩防守队员间的防守空间，加强防守队员间的联系，在有步骤地回撤过程中形成纵深防守体系。

（3）回位

防守队员应当对自己的防守任务有明确的意识，根据自己的防守任务和防守对象的活动，迅速回到自己的防守位置上来，以形成全队的防守纵深梯队，建立牢固的防守体系。如果不能迅速回位，就有可能造成防守体系的不严密，被攻方队员击破整个防守线。选择回位的跑动路线时，要选择有可能对攻方传射路线起到一定干扰作用的路线，特别要选择能干扰控球队员向自己防守对象传球的路线。

（4）追盯

攻方无球插上的队员往往是最有威胁性的队员。因此，当有攻方队员插上时，一定要迅速地追上去，特别是在中路罚球区域附近更要小心。当攻方队员摆脱后，被摆脱的守方队员要紧紧地追赶攻方插上队员，形成对对方插上队员前堵后追的夹击局面，争取将攻方进攻势头遏制住。

2. 基础防守战术

（1）选位和盯人

选位和盯人是防守战术中的基础，防守队员站位时一般应处于由对手站位与本方球门中心所构成的一条直线上。一般情况下，对对方持球队员以及可能接球的队员要紧逼，对离球远的对手可采用松动盯人的方法。

（2）局部防守配合

保护和补位是局部地区集体防守的基础，队员之间应保持适当的斜线站位。

当一个被突破时，另一个应立即补位，被补位队员迅速回到补位队员的位置。

3. 全队防守战术

（1）人盯人防守

除拖后中卫外，每个队员都要盯住一个指定对手，原则上对手跑到哪里就盯到哪里，拖后中卫进行区域防守，执行补位的任务。

（2）区域盯人防守

每个队员在自己防守的区域内进行盯人防守，无论哪个对手进入自己的防区都要盯住他，一般不越区盯人，拖后中卫执行补位的任务。

（3）混合防守

混合防守是现代足球运动用得较多的一种防守方法，它就是把人盯人防守和区域盯人防守结合起来的一种技术。一般拖后中卫执行补位，另外三个后卫盯人，前卫和前锋区域盯人。"全攻全守"的踢法要求在防守时，每个队员都有防守任务。混合防守战术的关键：①场上队员要做到延缓对方进攻；②快速回防到位，保持防守层次；③紧逼盯人，严密守住球门前30 m区域。

目前的足球比赛中全队防守战术一般有三种：①在进攻丢球后立即就地抢截；②在进攻中丢球后前锋队员在前场封抢，其他队员立即退回本方半场防区进行防守抢截；③在进攻失误丢球后，全队退至禁区前组织密集防守，阻击对方的进攻。

第三节 体育教学中羽毛球运动的训练实践

一、羽毛球运动的技术训练

（一）羽毛球运动的前场击球

1. 推球

在羽毛球单打比赛中，运动员采用具有强大威胁性的推球技术来突击对方底线。该技术具有击球点高、动作小、速度快、突然性强、落点变化丰富等特点。

羽毛球正手推球：移动到网前右侧，将球拍向右平举，前臂稍外旋，手腕向后伸，拍面对准来球。击球时，尽可能向后引拍，积蓄力量，手腕闪动，突然握紧拍柄，快速挥拍击球。

羽毛球反手推球：移动至网前左侧，将球拍向左侧上举，左臂向左胸前收引，手腕稍外展，放松握拍手，拇指顶住拍柄内侧宽面。击球时，前臂外旋，手腕伸直抖动，突然紧握球拍快速击球托后部，之后快速还原，准备下一次接球。

推球技术的训练一般采用多球训练法。

（1）原地正手推球

第一，原地正手推直线球。甲在右前场区靠近边线的位置，乙在左前场区。乙连续向甲的右前场区域网前扔球，甲用正手推直线球的方式向乙的左后场区域内回击球（如图5-1所示)[①]。反复练习。

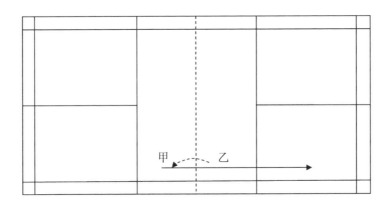

图 5-1 原地正手推直线球

第二，原地正手推斜线球。甲在右前场区靠近边线的位置，乙在左前场区。乙连续向甲的右前场区域网前扔球，甲用正手推斜线球的方式向乙的右后场区域回击球（如图5-2所示）。反复练习。

---

① 本节图表引自陈治. 现代羽毛球技术教学与训练［M］. 郑州：河南大学出版社，2014：175-178.

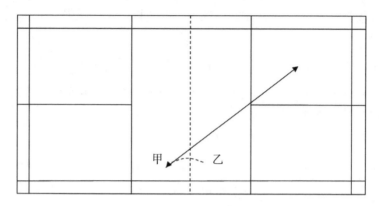

图 5-2 原地正手推斜线球

（2）原地反手推球

第一，原地反手推直线球。甲在左前场区靠近边线的位置，乙在右前场区。乙连续向甲的左前场区域网前扔球，甲用反手推直线球的方式向乙的右后场区域回击球（如图 5-3 所示）。反复练习。

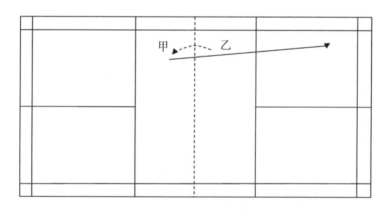

图 5-3 原地反手推直线球

第二，原地反手推斜线球。甲在左前场区靠近边线的位置，乙在右前场区。乙连续向甲的左前场区域网前扔球，甲用反手推斜线球的方式向乙的左后场区域回击球（如图 5-4 所示）。反复练习。

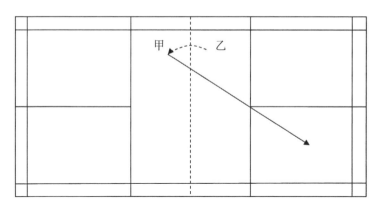

图 5-4 原地反手推斜线球

2. 扑球

扑球技术的攻击性很强，多在网前使用，可直接得分。

羽毛球正手扑球：重心右移，身体向球网右侧快速跃起，球拍与来球相对。击球时，前臂带动手腕和手指快速抖动发力扑接。击球后快速还原。如果来球距网较近，为避免球拍触网犯规，手腕从右向左将球压下，采用"滑动"式扑球方法来回接球。

羽毛球反手扑球：与正手扑球动作相同，方向相反。击球时，手臂伸直外旋，拇指顶压拍柄上端，击球后调整身体重心，快速还原。

扑球时采用蹬跳步的步法，以便在最高点出手扑球。

（1）原地扑球

第一，乙连续向甲的右前场区域内发球，甲在原地以正手扑直线球的方式回击（如图 5-5 所示）。反复练习。

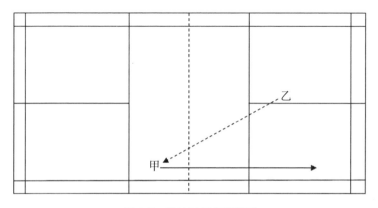

图 5-5 原地正手扑直线球

体育教学改革创新与训练实践研究

第二，乙连续向甲的左前场区域内发球，甲在原地以反手扑直线球的方式回击（如图5-6所示）。反复练习。

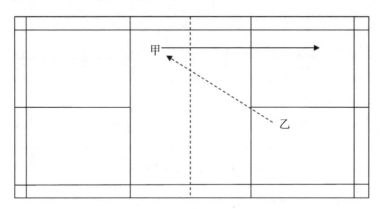

图 5-6　原地反手扑直线球

第三，乙连续向甲的右前场区域内发球，甲在原地以正手扑斜线球的方式回击（如图5-7所示）。反复练习。

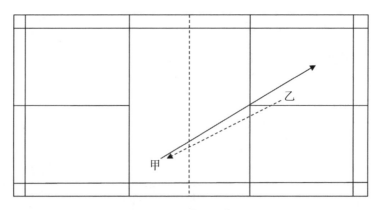

图 5-7　原地扑斜线球

（2）定点移动上网扑球

第一，乙连续向甲的右前场区域内发球，甲移动上网以正手扑球的方式回击，每扑球一次后迅速回到原位（如图5-8所示）。反复练习。

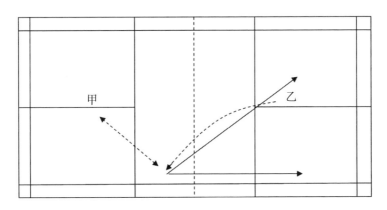

图 5-8　定点移动上网正手扑球

第二，乙连续向甲的左前场区域内发球，甲移动上网采用反手扑球的方式回击，每扑球一次后迅速回到原位（如图 5-9 所示）。反复练习。

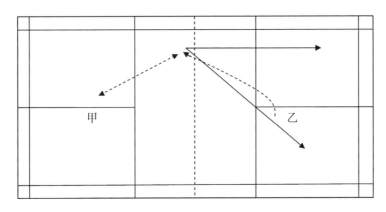

图 5-9　定点移动上网反手扑球

3. 搓球

快速上网至网前，争取在高点击球，用球拍斜面"搓""切"的方式来击球，使球翻滚旋转，将球的落点控制在对方网前。

羽毛球正手搓球：侧对右网前，上体稍前倾，右手握拍于体前，右脚向右侧前方跨步成弓步。正手握拍，球拍向右前上方斜举。击球时，球拍举至最高点，前臂稍外旋，手腕由后伸至稍内收，与网前击球前期动作一致。击球时，要突出"搓""切"的动作，击球点在球的右下底部，击球后快速还原。

羽毛球反手搓球：移动到位，手腕前屈至网高处，手背高于拍面。搓球时，用小臂外旋和手腕内收并外展的合力来击球的右后侧底部，击球后快速还原。

（1）原地搓球

甲站在右前场区域网前，乙连续向甲网前的一个固定点发球，甲用正手搓球的方式回击。如果甲站在左前场区域，则用反手搓球的方式应对来球（如图 5-10 所示）。反复练习。

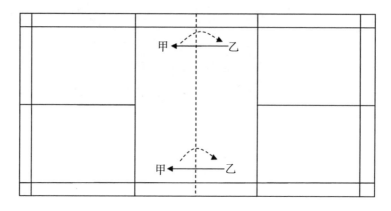

图 5-10　原地搓球

（2）一点移动上网搓球

一点移动上网搓球练习方式与上一种相似，但要求甲先从球场中心位置移动上网后再搓球，在回击一次后回到原位，准备再次上网搓球（如图 5-11 所示）。反复练习。

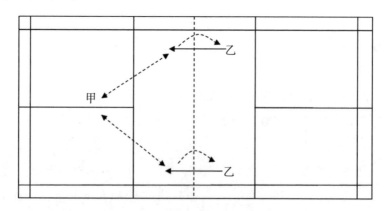

图 5-11　一点移动上网搓球

（二）羽毛球运动的中场击球

1. 正手挑高远球

（1）准备、引拍动作要领

右脚向右侧跨出一步，根据来球的位置决定跨步大小，到位击球。随步法移动的同时，右上臂稍向右后摆，前臂稍带外旋，手腕后伸到最大限度，形成挥拍的最长距离。

（2）击球动作要领

右前臂向前略有外旋地快速挥动，手腕在击球的瞬间由后伸至快速屈收，拍面向上方挥动。

（3）随前动作要领

击球后，前臂挥至体前上方，然后回动至准备姿势。

下手中场正手挑高远球易犯的错误如下：

第一，准备、引拍易犯的错误：右脚未向右侧跨出一步，而是上体向右侧倾斜，导致重心移动不到位，引拍动作未能形成挥拍的最长距离。

第二，击球动作易犯的错误：前臂向前外旋不充分，手腕快速屈收不够，拍面向上挥动不够，导致球向上飞行的弧度未能达到高远球的要求。

2. 反手挑高远球

（1）准备、引拍动作要领

右脚向左侧跨出一步到位，上体稍向左后侧转，球拍引至左侧后，前臂稍有内旋，拍面朝上。

（2）击球动作要领

在前臂往前挥动的同时，手腕由外展至内收伸腕，手指突然紧握拍柄，以产生的爆发力击球托的后底侧部，使球向上飞行。

（3）随前动作要领

击球后，球拍随身体的回转回动至胸前。

下手中场反手挑高远球易犯的错误如下：

第一，准备、引拍动作易犯的错误：上体左后侧转不充分，使球拍无法引至左侧后，拍面不能朝上，引拍动作未能形成挥拍动作的最长距离。

第二，击球动作易犯的错误：手腕的屈伸发力不够，击中球托后底部，以致球飞行线路比较平直，达不到击高远球的要求。

第三，随前动作易犯的错误：上体的回转回动和球拍的回收太慢，影响下回合的准备。

以上介绍的是单打上手、下手、中场球回击高远球的动作要领与易犯的错误，这些基本技术是羽毛球运动最基础的手法和步法，初学者必须严格按动作要领练好基本功，纠正易犯的错误，使基本技术正确、规范，为进一步提高羽毛球技术打下良好的基础。

3. 接杀球

接杀球，是指运动员把对方杀过来的球还击到对方场区内的击球技术。由于扣杀球是羽毛球比赛中进攻的主要手段之一，因此，接杀球成了防守的主要技术之一。接杀球有正手、反手之分，根据不同的战术需要，可分为挡网前球、挑后场高球两种。

（1）挡网前球

挡网前球是指运动员借用来球力量及手腕、手指的力量，把对方杀来的球"反弹"式地回击到对方网前场区内的击球方法。

挡网前球技术有左右场区接杀近身球和接杀边线球、挡回直线网前球和挡回对角线网前球等方式。

左场区接杀近身球动作要领：左脚向左侧迈一小步，右臂屈肘反手握拍于左侧身前，小臂内旋，手腕外展，球拍后引对准来球，上体向左后侧转动至右肩对网，左脚蹬地。接杀时，握拍要松，预摆动作要小，借用来球力量，小臂外旋、手腕伸直闪动，食指、中指轻微提拉，其余手指突然紧握拍柄，击球托的中下部位。接杀的瞬间，用手腕、手指控制好拍面角度，使球刚飞越球网后便下坠。

右场区接杀近身球动作要领：右脚向右侧跨一步，两脚略比肩宽，平行站立，上体向右后侧转动至左肩对网，右脚蹬直，球拍向右侧后引对准来球。接杀时，握拍要松，预摆动作要小，借用来球的力量，手腕外展闪腕的同时，食指、中指往拇指方向轻微提拉，其余手指突然紧握拍柄，击球托中下部位。击球的瞬间，手腕、手指必须控制好拍面角度，使球刚飞越球网后下落。挡回直线网前球时，拍面正对球网并稍向后仰；挡回对角线网前球时，则需调整拍面方向至对方网前的斜对角。

接杀近身球挡回对角线网前球的动作要领与接杀近身球挡回直线网前球的动作要领基本相同，只是上体的转动速度要快一些，击球时需要及早轻挥球拍，击球点稍前一些。击球的瞬间，正手击球手腕内收；反手击球手腕后伸，使拍面朝对方网前斜对角。

左场区接杀边线球动作要领：左脚向左侧跨一大步，随步法移动使身体稍向左侧旋转，右臂屈肘向左摆，手腕外展反手握拍，球拍引至左肩前。击球时，小臂外旋，手腕伸直，轻轻挥拍挡切。击球后，球拍随着身体回动收于胸前，准备封网。

右场区接杀边线球动作要领：右脚向右侧跨一大步，随步移动，球拍引至右，上体侧向右，小臂侧伸稍，屈肘并略外旋，手腕后伸，球拍向右后引。接杀瞬间，小臂稍有内旋，手腕由后伸至内收闪动，击球托的侧下部。击球后，球拍随身体移动回收至胸前，准备封网。

接杀边线球、挡回对角线网前球的动作要领与挡回直线网前球的动作要领基本相同，不同之处只是上体的转动速度要快一些，以便掌握拍面角度，及早轻轻挥动球拍，击球点稍前。击球的瞬间，正手击球手腕内收；反手击球手腕后伸，使拍面朝向对方网前斜对角。

（2）挑后场高球

挑后场高球是指运动员利用小臂、手腕和手指力量，把对方杀来的球挑高回击到对方后场底线去的击球方法。挑后场高球有正手、反手上网被动挑高球和正手、反手接杀边线球挑后场高球这几种。

正手上网被动挑高球动作要领：判断来球，快速垫步上网，持拍手前伸，小臂外旋，手腕伸展将拍子引至右侧下方。击球时，小臂内旋并回收，手腕由伸展至伸直闪动，在右侧下方击球托的后底部，把球向前上方挑起。击球后，后撤回位，球拍收回胸前。

反手上网被动挑高球动作要领：判断来球，左脚向前移一小步后后蹬，上体稍左转，右脚向左前跨一大步，反手握拍由身前引向左下方，肘部向前。球将落地时，上体前屈，后脚跟进一小步成弓箭步。球拍快速前挥，手腕由屈到伸闪动，击球托后底部。击球后，上体直起，脚后撤回位，收拍于胸前。

正手接杀边线球挑后场高球的动作要领：右脚向右侧跨一大步，同时握拍手向右侧引拍，右臂稍向右后摆并略外旋，手腕后伸到最大限度，使球拍迅速后摆。击球时，以肘部为支点，右臂急速向前挥动，手腕由后伸至伸直闪动，拍面对准来球，击球托中底部。击球后，小臂内旋，球拍向体前上方挥动，收拍回位。

反手接杀边线球挑后场高球动作要领：右脚向左脚并一步后，左脚向左后侧跨步，上体向左后转，左脚蹬地，右脚向左后侧跨一大步。反手握拍，球拍由身前引至左后下方。击球时，球拍由左后下方经小臂外旋和手腕伸展，发力击球托的后底部，使球向前上方飞去。击球后，上体直起回转，脚移动回位，回收球拍于胸前。

（三）羽毛球运动的后场击球

1. 高球

正手击高远球：判断来球，移动到位，站在球下落的左下方，侧身左肩对网，右脚支撑重心，右手将球拍举到右肩上方，左手自然高举，待球下落时，放松握拍，击球时，蹬地、转体收腹，大臂带动小臂向前上方甩腕，在高点击球。击球后，手臂随挥并收拍至体前，然后迅速还原准备姿势。

反手击高远球：判断来球，移动到位，站在球下落的左下方，右脚前交叉跨到左侧底线附近。肘部上抬略高于肩，拍面朝上。击球时，以肘关节为支点抖腕，拇指侧压，自下而上甩臂击球。击球后，顺势转体面向球网，退回中心位置。

（1）原地直线高球

甲、乙的站位都是靠近球场端线的一个角，双方均以原地直线高球的方式发球与接发球（如图5-12所示）。反复练习。

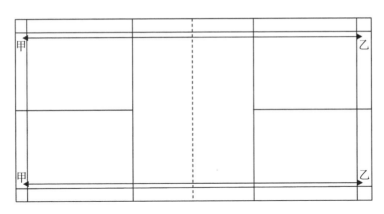

图 5-12 原地直线高球

（2）原地斜线高球

站位同上，要求双方均采用原地斜线高球的方式来发球与接发球（如图5-13所示）。反复练习。

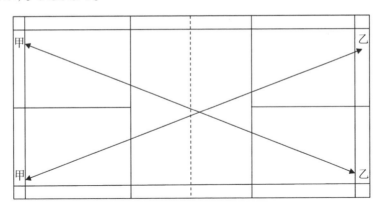

图 5-13 原地斜线高球

（3）移动直线高球

甲在靠近端线的位置击固定路线的直线球，乙移动到位，以直线高球的方式回击，击球后回到原位（如图5-14所示）。反复练习。

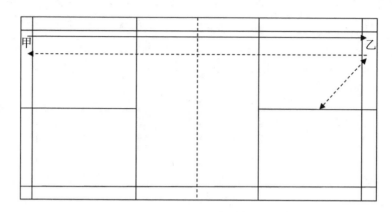

图 5-14 移动直线高球

2. 吊球

羽毛球正手吊球：准备动作和前期动作参考正手击高远球。需要注意的是，击球时拍面要稍微向内倾斜，手腕快速切削下压，主要击球托的后部和侧后部。

羽毛球反手吊球：准备动作参考反手击高球，但注意吊直线球时，用球拍反面切削球托后中部、右后部或左后部，使球落在对方场区前发球线附近。

（1）原地定点吊直线

甲站在底线位置，原地采用定点吊直线球的方式向乙任何一个场区的网前位置击球，乙在网前挑球回击（如图 5-15 所示）反复练习。

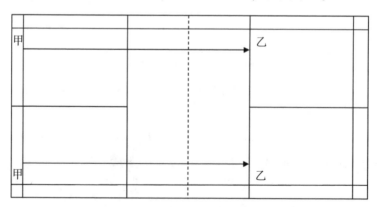

图 5-15 原地定点吊直线

（2）正手一点吊前场二点

甲站在底线位置（A 点），交替向乙的网前两个角（B 和 C）吊球；乙向甲的位置 A 处回击，让甲进行以一点对前场两点的正手吊球练习（如图 5-16 所示）。反复练习。

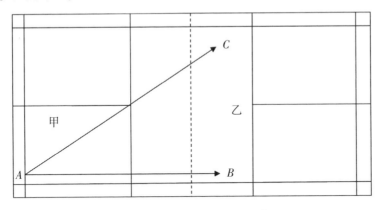

图 5-16　正手一点吊前场两点

二、羽毛球运动的战术训练

（一）羽毛球运动的单打战术训练

1. 发球及其抢攻战术

（1）发球位置与方式

第一，发球位置根据对方站位而定。在对方站位较为靠近网前的情况下，后场区域有较大的空当，因此适合发后场球，即向图 5-17 中标出的 3 号或 4 号位置区域发球，如此能够取得更好的发球效果。

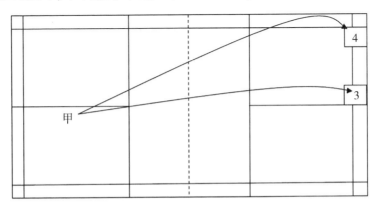

图 5-17　根据对方站位发后场球

在对方站位靠近后场的情况下，网前区域有较大的空当，此时适合发一些网前球，如向图 5-18 中标出的 1 号或 2 号位置区域发球，如此同样能够取得更好的发球效果。

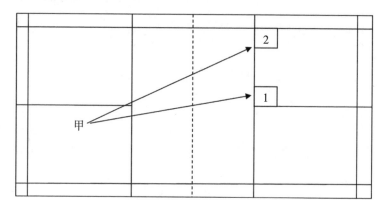

图 5-18　根据对方站位发网前球

第二，根据对方接发球特点选择发球方式。比赛前要将对方的接发球特点和风格了解清楚，分析对手接发球时有哪些习惯，总结对方接发球的规律，尽量避开对方习惯的接发球方式来选择发球方式，让对方回球时找不到感觉。对于对方比较难接的一些落点的球，要尽量多发，从而争取主动，使对方措手不及。

第三，发球时避开对方技术特长。提前了解对方擅长哪些接发球和击球技术，尽量避开对方的特长，发一些对方不擅长接的球，使对方暴露缺陷。例如，当对方擅长网前球时，我方就要尽可能避免发网前球，以发后场球为主，使对方没机会施展假动作；而在对方擅长后场球或杀球的情况下，我方要尽可能避免发后场球，以发网前球为主；如果对方不擅长接高球，我方就适当多发高球，发对方不好接的落点的球。

第四，利用发球动作迷惑对方。在对方高度集中注意力做好接发球准备时，我方不要急着发球，适当短暂停歇（在规则允许范围内），稍微变化一下发球的时间点，让对方觉得你正在犹豫不决，给其制造迷惑，利用这个停留的时间对对方的站位和准备姿势进行观察，然后发有较强攻击性的平高球或平射球，使对方在慌乱中回低质量的球或出现失误。

（2）发球抢攻战术

发球抢攻战术指的是以对方的站位、接发球特点、习惯的回球路线等因素为依据，有目的性、有针对性地发多变的球，从而在一开始就占据主动权，守住自己的进攻地位。防守技能不足和经验欠缺的羽毛球运动员，比较适合采用这种战术。发球抢攻战术的运用强调发球方式的多变性，不要采用固定的一两种发球方式。改变发球方式在比赛关键时刻，尤其在双方比分差距小的情况下显得更加重要。发球方式的突然变化会使对方措手不及，被动回击，或回球失误，从而打破比分相持不下的僵局。

在羽毛球比赛中，为避免对方发动强攻，就要想办法将对方调到底线位置，要做好这一点，就要尽量发使球飞行距离远、时间长的高远球。如果对方不擅长接高远球，那么我方更应该多发一些高远球，这样不仅能防止对方强攻，还能制造机会使对方回球失误。在羽毛球比赛中运用发球抢攻战术，要避开对方高度集中注意力的时间去实施战术，将发球时间适当延迟，当对方注意力集中度没那么高时再发球，从而使对方被动接发球。

2. 下压进攻控制网前战术

下压进攻控制网前战术，是一种先发制人的战术，特点是速战速决，进攻快速、凌厉、凶狠，使对方遭到力量和速度的双重压制。如果对方个子很高，就会有网前出手慢、步法移动不灵活以及接下手球费劲等不足。在对方急于上网抢攻时，适合采用下压进攻控制网前这种战术。具体运用方式是，先以速度和力量不同的吊球、劈球、点杀、轻杀、重杀球将球下压，制造上网机会，用推球、搓球、勾球等方式进行网前控制，使对方将注意力集中到网前，此时我方发平高球向其底线进行突击，为实施中后场进攻创造机会，然后再伺机全力以赴来进攻。

在实施该战术时要注意，要成功将对方调至底线特别是反手后场区域，就要多采用速度快的高球、平高球、推球等发球方式，这样容易使对方陷入被动。当对方将关注点主要放在后场，前场出现较大空当时，以快吊或突击点杀的方式快速向对方网前发起进攻。技术不太熟练，尤其是还不具备良好的左后场还击能力的初学者更适合采用这种战术。

运用下压进攻控制网前战术时要注意采用轻杀和重杀的时机，前者用于对方来球质量好的情况，后者用于对方来球质量不高的情况。不管采用哪种方式，都要保持身体重心稳定。

3. 守中反攻战术

守中反攻战术，是后发制人战术，适用于我方有良好的防守能力，能够灵活抵挡对方的进攻，而对方进攻比较盲目，体能比较差的情况。

采用该战术时，先向对方后场击球或回击球，使对方被迫主动发起进攻，当对方将注意力从防守转到进攻上时，我方进行突击反攻。也可以在对方体能消耗较大，速度明显减慢，没有精力强力进攻时再对其发起进攻。

运用守中反攻战术时，我方与对方的抗衡时间比较长，我方球路变化较多，有推球、高球、吊球、勾球和搓球等，这会使对方心里感到急躁，容易造成失误。

4. 单打战术训练形式

（1）多球战术训练

运动员依次回击两个或两个以上的来球，以提高回球反应能力、回球准确度，这就是多球战术训练法。由教练员给练习者发球，可根据训练要求采用不同的路线、速度以及不同的组数、个数。当一名练习者练完一组后，换另一名练习者按同样的方法继续训练。每组练习者以 3 人左右为宜，以保证合理的训练密度。多球战术训练中也会采用多球对练的形式进行训练，即根据训练需要用 2~4 只球进行练习，出现失误后，不需要专门去捡球，将手中的球再发出去即可。这样就有更多的训练时间，也可增加击球次数。

（2）多人陪练训练

为了提高训练效果，安排两名或两名以上的多人进行陪练，这就是多人陪练训练法。羽毛球单打战术训练多采用二对一的陪练法，具体训练形式如下：

第一，二一式左右站位陪练法。一人进攻时按战术线路要求发起进攻，其余两人各自负责半个场区来进行防守。两人进攻时要依据战术意图及相关要求发起进攻，要有目的性，避免盲目进攻，在还击时要依据单打的节奏及路线来控制速度。

第二，二一式前后站位陪练法。两人一前一后准备进攻，另一人负责防守。位于后场的进攻者主要采用高、吊、杀等进攻技术，位于前场的进攻者主要采用搓、推、勾等进攻技术，这样可增加进攻速度，提高进攻难度，从而提高训练效果。

（3）实战训练及比赛训练

实战训练及比赛训练，是为了提高运动员的实战能力，使其在比赛中发挥自如，所以说这一训练方法是为了比赛而服务的。在实战训练和比赛训练中，要有机结合训练与实战，模拟正式比赛来进行战术训练。此外，在练习过程中，也可以组织队内、队外的热身赛，实现以赛带练的效果，从而提高运动员对实战的适应能力。

（二）羽毛球运动的双打战术训练

1. 双打的移动配合

在羽毛球双打比赛中，任何一方两位搭档的站位和分工都不是完全固定的，而是按照一定的规律和原则灵活移动、灵活配合的。场上队员的站位应依据场上攻守形势的变化而随时调整，一方的移动配合方式和还击方式要根据另一方还击的球路和还击后的站位变化而定，通过移动配合而将本方的特长充分发挥出来，同时使对方在被压制的情况下无法发挥自己的特长。

（1）我方吊网前球时的移动配合

甲 1 站在左场区的 A 位置上，甲 2 站在右场区的 B 位置上，保持平行的防守站位队形（如图 5-19 所示）。对方向左前场区 C 处吊球，甲 2 向位置 C 处上网移动，然后以网前直线吊球的方式向对方右场区 D 处的网前位置回击，然后迅速向左场区前场位置 E 处后退，做封网准备。这时甲 1 从 A 处向后场

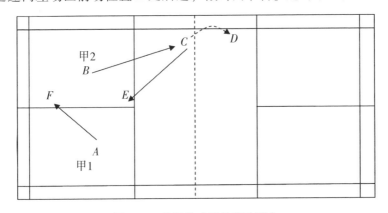

图 5-19　吊网前球时的移动配合

位置 *F* 处移动，向中线靠近。此时，甲 1 和甲 2 从防守的平行站位变为前后站位，以做好组织进攻的准备。

（2）我方杀球时的移动配合

甲 1 在左后场区域的 *A* 处位置杀球，甲 2 在左场区的前场位置做封网的准备，二人成前后进攻站位（如图 5-20 所示），如果甲 1 向对方左场区的 *C* 处位置杀球，对方向本方网前区域 *D* 处回球，甲 2 很难顺利封网，只能向对方右场区底线 *E* 处挑球，挑球后快速向右场区中间 *F* 位置后退，此时甲 1 向左前方移动到 *G* 处，与甲 2 形成平行的防守站位。

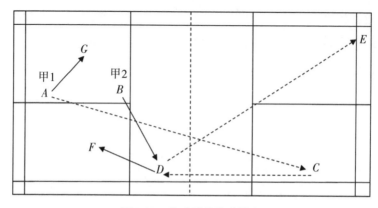

图 5-20　杀球时的移动配合

（3）我方回击后场球时的移动配合

甲 1 或甲 2 以击高球的方式回球后，两人分别站在左场区 *A* 处和右场区 *B* 处，保持防守的分边平行站位（如图 5-21 所示），如果对方向本方左后场 *D* 处

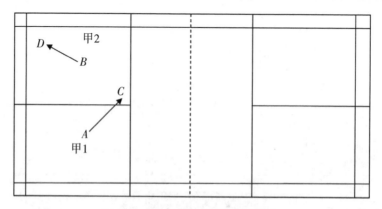

图 5-21　回击后场球时的移动配合

位置还击高球，甲 2 迅速移动到 D 的位置来以直线杀球或斜线杀球的方式还击，此时甲 1 应移动到前场中间位置 C 处，做好封网准备，并与甲 2 配合进攻。如果甲 2 以后场高球的方式回击，那么甲 1、甲 2 的站位保持不变，依然是分边平行站位。

2. 攻人战术

如果对方两名搭档中有一名队员技术较弱，那么这名弱者就是我方要重点盯住的对象，不给对方调整的时间和机会，这就是所谓的攻人战术。这种很常见的羽毛球战术是很容易被对方识破的，一旦被识破，对方技术较强的队员就会保护技术较弱的队员，所以应在比赛一开始先集中向技术较弱的那名队员攻几拍，然后突然变化战术，向技术较强的队员发起猛攻。对方强者为了对弱者进行保护，难免会分散注意力，所以从攻弱者突然转变为向强者的进攻往往能够取得较好的效果。

采用攻人战术时，可以先攻弱者、再攻强者、也可以反过来，先攻强者、后攻弱者，先集中力量攻对方强者，待其体力消耗大，战斗力下降，突击其空当，或在其无力保护弱者时，再主要进攻弱者。

总之，攻人战术在实践运用中不是固定不变的，要根据比赛情况来灵活调整。

3. 攻中路战术

当对方为防守方，站位为左右分边平行站位时，我方作为进攻方要尽量向对方平行站位的中间空当区域攻球，这样对方两人都有可能移动到中场去接球，容易发生碰撞，或互相谦让而最终导致接球失败。在对方配合默契度不高时适合采用这种战术。

攻中路战术中有一种攻半场的战术形式。当对方以前后站位保持进攻状态时，我方可向对方两人中间靠近边线的中场位置回击球，如此也可以使对方出现像上面一样的情况，即抢接碰撞或漏接。

4. 后杀前封战术

后杀前封战术是一种进攻战术，在羽毛球双打比赛中很常见。我方作为进攻方积极强攻时，一人在后场杀球进攻，如杀大对角线球、杀中路球、杀小斜线球等，注意对攻球落点的控制与调整，另一人在网前封堵回球，注意不能消极等待，要以对方的回球情况为依据积极封堵，提高封堵意识，将对方的出球路线成功封堵，要特别重视对直线球的封堵。

5. 软硬结合战术

软硬结合战术的运用方法为，通过吊网前球或推球等方式来控制球的飞行轨迹和飞行速度，迫使对方被动防守。如果进攻失败，可采用软吊网前球、拨击半场球等方式来击球，待对方出现挑球失误时再伺机进攻。注意要以对方上网接球后匆忙后退的队员为主要进攻对象。

如果对方的防守站位合理，没有留下明显的空当，而且能回击高质量的球，此时我方应采用以直线小对角线、大对角斜线这两种线路的软杀、点杀技术（以打落点为主）来进攻，迫使对方回球失误，然后我方再伺机强攻。

6. 双打战术训练形式

在采用双打战术时，两名球员要在发挥各自优势的基础上协同作战，默契配合，为了共同目标而努力。在羽毛球双打比赛中，最终也是要依靠每个选手发挥个人的实力来争取胜利的，因此双打战术训练方法可参考单打战术训练。参考与借鉴最多的训练方法主要有多球训练法、多球对练法、多人陪练法、实战训练法与比赛训练法。在双打战术训练中借鉴多人陪练法时，与单打战术训练稍有不同，常采用三对二训练攻守，甚至增加至四对二、三对二的进攻，二人训练反防守，这些训练方法有助于提高选手的反防能力。在三二式前后站位陪练中，一方为三人（一前二后），另一方为两人，主要是训练两人这方的双打防守意识、反转攻意识及能力，提高其双打防守能力和转攻能力。

（三）羽毛球运动的混合双打战术训练

1. 混双发球战术

混双发球是一项战术意识很强的技术，发球质量的好坏直接影响到是主动还是被动，是得分还是失误。由于混双是由一男一女两名队员组成，在发球问题上虽然和男双与女双有着共同点，但也存在很大的差异。当我方女队员发球给对方女队员接时，就比女双容易，因后场有一男队员在接第三拍。可是，当对方是男队员接发球时，就比女双困难多了，加上男队员上网接发能力和第四拍封网能力都比女队员强，所以就给发球的女队员增加了难度。反之，当我方男队员发球时，由于他不能像男双一样，发球后立即上网封网，而是要兼顾控制后场，因此，站位要比较靠后，发球过网的飞行时间要较长，有利于对方接发球者回击来球。总之，男队员的发球比男双要困难得多，如没有专门训练发球，一般很难过关。

在发球战术中，混双发球战术可以使用"以我为主"的发球战术、"发球时间的变化战术"和"发球路线的配合战术"，也可以使用软硬结合、长短结合、直线对角结合战术，都属于同一道理。

2. 混双接发球战术

（1）混双接发球战术与双打接发球战术的共同点

混双接发球战术与双打接发球战术一样，要根据对方发球质量的好坏来处理，也要根据对方的站位和"以我为主"的接发球战术来处理。

（2）混双接发球战术与双打接发球战术的不同之处

混双接发球战术在球路上与双打接发球战术的不同之处在于不论男、女队员接球，都以拨对角半场、直线半场、勾对角前场以及放网为主。推、扑后场球只有在对方发球质量很差时才使用。而拨半场球及勾放前场球是抓住女队员这一相对较弱的目标而制定的战术。

如果对方发 3、4 号区时，当女队员发球后分边防守，我方应集中力量攻击女队员防守区，如果男队员发球且女队员只防守一角时，应吊对方右前场，杀对方的二边线球。因对方基本上分前后站位，对边线防守难度加大。反之，如对方是从左场区发球，那么，道理一样，换另一边为攻击区。

接发球后男队员应保持在后场，女队员则在前场，因为男队员接发球后还需迅速退到后场控制底线区。这就是男队员接发球不能太凶的缘故。

当然，也有的男队员接发球后就到网前封网，但这种情况为数不多，只有当对方发球质量差、前三拍无法挑到我方后场的情况之下，才可以到网前封网。

3. 混双第三拍的回击战术

混双的第三拍和双打有着同样重要的地位，混双的第三拍在主动时，保持进攻；一般情况下，积极反攻；被动时，摆脱被动。在这三种情况下使用的战术，其意义和双打同样重要。

（1）主动时第三拍保持进攻的战术

当我方发球质量较好时，有以下两种情况：

第一，女队员发球，那么，女队员可直接封住前半场区，因为发球好，迫使对方回球有些向上，所以只要能举拍封住前半场对我方就有利。当女队员封左边时，右边网前的防守要由男队员负责。而当女队员封右边时，左边网前的防守要由男队员负责。可以说，女队员以封住对方的直线球为主，如能判断到对方打对角网前，也可封网。特别在对方手法不好、出球质量较差的情况下，可由女队员直接封网。一般情况下，女队员封对方的直线来球最为理想。

第二，当男队员发球时，由女队员去负责封网，但由于发球时女队员的站位，形成了右边和左边发球不同的防守区：从右场区发球时，由于女队员的站位是在左前场区，因此，当男队员发 1、2 号位时，女队员就专心地封好左前场区和中路网前。此时，对方如回击右前场区的弱区，则由男队员去补救。从左场区发球时，情况就不一样了，因女队员的站位靠近中线，当发 1 号区时，女队员可封整个前场区；当发 2 号区时，女队员重点封住右边线。当然，由于发球与站位对各种配对有不同的站法，可按自己的特点去进行封网分工。

（2）在一般情况下第三拍进行反攻的战术

在一般情况下，对方回过来的球，对我方形成一种不主动也不被动的形势，我方处理好，便可获得主动权，处理不好就会造成被动。因此，出手和球路问题成了关键性技术。首先要根据对方接发球后的站位及分工情况来考虑我方应打怎样的球路才有利于获得主动权。在获得主动时，不要打太靠后的球给男队员。

（3）被动时摆脱被动的战术

当处于被动时，可分两种情况处理。第一种情况，对方接发球后两人的站位均偏前，如男队员接发球后的位置偏前或者女队员接发球占据主动后，男队员也向前逼网，此时，网前两边都很难打，因此，最好的办法是把球挑到后场两底线，过渡一下，让对方从底线进攻，我方再开始组织反攻。此时，最忌挑球高度不够，打不到底线，就易被对方拦击造成被动局面。其方法是当对方控制网前较紧时，就得想尽办法先把球打到底线，打守中反攻战术。第二种情况，对方接发后，网前有一个漏洞区，如果男队员接发球后急于回动照顾后场，会在网前出现漏洞，此时，我方可迅速回击，转被动为主动。这种情况摆脱被动的前提是有较好的回击球质量，不然摆脱不了被动局面。

总之，在被动时，一定要冷静分析对方的弱区在哪里，然后把球打到那个点或那个区。当然，这种分析要包括对方技术上的弱点。如果我方女队员防守能力差，抵挡不住对方的攻击，情况就更糟糕了。

4. 混双第四拍封网战术

混双第四拍封网战术，主要是指两人如何分工封网的问题。

有一个基本规律，即女队员接发1、2号区球，能主动回击时，就封住对方的直线球路，而男队员则看其他的区域；如女队员接3、4号区球，能主动回击时，可回动封直线前场区，而男队员则看守其他三个方向的球。如女队员不能主动回击则无法回动，则只能防守在后场一个区过渡一下，此时，男队员则要看守前场两边和后场另一区。但是，当男队员接发1、2号区球时，如能主动回击，应由女队员封住对方的直线球路。女队员除要控制网前球之外，还要和男队员保持一个错位，以封住对方反抽对角平球，使男队员有时间调整一下。此时，女队员和男队员站成对角，有利于封住对方抽对角的平球。这也是混双不同于男双的另一个特点。特别是进行中场抽、推球时，女队员能否封紧对角平球至关重要，而男队员则看守其他中后场区球。如不能主动回击，情况就比较复杂了。此时由于男队员的站位已被引到前场，因此另半边的后场底线成为漏洞，如对方回击高球至底线，女队员可后退，代替男队员进攻一二回合。当接发3、4号区球时，如女队员能主动回击，除负责前场区外，还得负责封对方抽对角的平球，以使男队员更主动。如女队员不能主动回击，就得根据男队员位置是否无法回动来决定，由于无规律可循，因此情况就比较复杂。

5. 混双攻女队员战术

混双攻女队员战术是混双战术的核心战术，当一方获得主动进攻或在寻求进攻机会时，如何熟练地使用攻女队员战术是很重要的。

（1）获主动进攻时运用攻女队员的战术

当获得主动进攻的机会，对方已形成男女两边防守的阵势时，我方就得抓住这一有利时机运用攻女队员的战术，如攻女队员右肩战术、杀吊女队员的结合战术、杀女队员小交叉的战术、杀中路至女队员一边的战术。总之，应该集中力量运用攻女队员的战术。当然，这一般是就女队员的防守能力比男队员差的情况而言的。如果在比赛的过程中我方发现男队员防守能力下降，也不一定坚持打这一战术。

（2）两边中场控球时运用攻女队员的战术

所谓中场控球，就是对方打过来的球，对我方来说不被动，处于可控制阶段。此时不要把球打到对方男队员手中，而应该打到女队员的防守区域，以便从中获得我方的主动权。

例如，我方女队员发 1 号区，对方女队员接发推半场球，我方男队员处于控制阶段。此时，要分析对方女队员的位置及封网特点，如对方女队员封直线的意识较差，而且位置较靠近中线，此时，我方可回击一直线半场球，球的落点要使女队员跑动回击。由于女队员判断封网差，又站位靠中线，必然不能主动回击，就有可能回击出高球，以利我方主动进攻。假设对方女队员站在偏边线的位置准备封我方的直线半场，此时，我方可回击对角网前，造成对方被动起高球。又如，对方接发放网，我方也可回击两条路线，但一定要注意我方是要实行攻女队员的战术，球一定要打到女队员的防区，让她去处理球，不要太用力，防止把球打到中场让男队员去处理。然后，我方女队员封紧网前，让对方女队员打出高球，这种战术就是成功的，反之如果被对方女队员封住就被动了。

在处理这种球时要注意的是"巧打"，而不是"硬打"，特别要注意判断对方女队员的封网意图，最要紧的是要有高质量的回击球路：一是球要出乎对方女队员的判断；二是要有高质量的过网弧度，弧度要平，如此才不易被对方女队员扑死，只能推，这样才有利于我方控制，从中找到迫使对方回击出高球的可能性。

（3）接发球时运用攻女队员的战术

当我方接发球时，可直接运用攻女队员的战术，总的要求就是把球回击到前场，如放网、放对角网前、轻推直线半场或轻拨对角网前。这些球都会促使对方女队员跑动回击，如攻击质量好一些，我方就可获主动进攻权，如质量差则易被动。

当对方男队员水平较高，而女队员相对差一些时，运用这种战术是很有效的。反之，当对方男队员水平一般，特别是后场攻击水平一般，而女队员网前封网水平很高时，我方就不一定要坚持运用这种战术。例如，当对方女队员封网意识很强，而男队员在后场进攻对我方威胁不是很大时，我方应先过渡到后场区，再伺机反攻。

6. 混双攻中路战术

比赛中有这样的情况：对方男队员在进行两边中场控制时能力很强，威胁很大，将直线结合对角球处理得很好，使我方防守的区域扩大，特别是女队员不易封住对方回击的平球。此时，改用攻中路战术，会使对方的优势无法发挥。由于对方在处理两边线球时的手腕控制能力较强，如打中路，对方还是用以前的角度击球，就有可能造成角度太大而出界。再则因为球在中路，对方易回击直线，我方女队员也易封网。总之，这一战术的作用，一是让对方优势无从发挥，二是使我方男队员的防守范围缩小，特别是相对于封直线区角度要小得多。

7. 混双杀对角攻男队员边线的战术

当我方获得主动进攻的机会时，在一般情况下，采用的是攻对方女队员的战术。此时，对方男队员会尽量站在靠近女队员的一边，特别是在和女队员成直线进攻时，男队员一般会靠近女队员一边，造成他另一侧空当的局面，在这种情况下，我方就可使用杀对角攻男队员边线的战术。对方男队员之所以会靠近女队员一侧是因为他总感觉女队员防守较弱，想保护女队员。当然，使用这种战术的条件是女队员和进攻者成直线，而这种条件也较少见。因为被我方逼挑高球后，对方女队员一般会退到与我方进攻者成对角的一区，在这种情况下，就不易实行杀对角男队员边线这种战术了。

8. 混双杀吊结合战术

在对方男队员要防守三个区域、女队员只防守一个区域的情况下，我方也可以考虑进行杀吊结合战术攻对方男队员网前，以打乱对方的防守阵地。

又如，对方女队员挑出不太靠后的球，必然迅速后退，在这种情况之下，我方采用杀吊结合战术也是很有实用价值的。

9. 混双半杀结合长杀、重杀结合轻杀的战术

一味地重杀一个角度，当对方适应了也就没效果了，一味地使用长杀易被对方采用半蹲防守战术对付。所以在进攻中除了要结合高吊之外，还得注意角度的变化，即落点长短的变化以及击球力量的变化，即轻杀和重杀的结合。

10. 混双进攻中封网分工的方法

获得主动进攻时，由于封网分工不明确，就可能导致失去主动权。因此，封网明确分工的目的是使我方主动进攻以达到攻对方于"死地"的效果。

（1）从右后场区进攻的封网分工

当我方男队员获得右后场区主动进攻权时，如对方女队员和我方男队员成直线，我方杀直线，我方女队员则要封住前场区域的平球，此时左前场区处是弱点和漏洞。如对方女队员退到对角区，此时我方女队员要封住左场区的平球，此时右前场区处是弱点和漏洞。

（2）从左场区进攻的封网分工

当我方男队员获得左后场区主动进攻权时，由于对方女队员和我方男队员成直线，我方杀直线，我方女队员则要封住左前场区的平球，特别要注意当对方平抽对角线平球时，一定要能封住，以便减轻男队员的压力，此时对角网前是弱点和漏洞。对方女队员和我方男队员成对角线，我方杀对角，女队员则要封住右场区，此时对角左前场区处是弱点和漏洞。

11. 混双防守战术

（1）混合双打之挑两底线平高球

挑两底线平高球战术，即所谓的对方杀直线，我方挑平高对角；对方杀对角，我方挑平高直线，以达到调动对方左右移动的目的。如对方移动慢，就无法保持进攻，或者盲目进攻，都有利于我方反攻。

（2）混合双打之反抽直线勾对角战术

当对方男队员从两底线进攻我方站在对角线的女队员时，我方女队员可采用反抽直线结合勾对角战术，以最大角度调动对方，并抓住其漏洞，但要

注意反抽必须越过对方女队员的封网高度。

（3）羽毛球混合双打之反抽对角挡直线战术

当对方男队员从两底线进攻我方站在直线的女队员时，我方女队员可采用反抽对角结合挡直线的战术来抓住其漏洞，但同样也要注意反抽必须越过对方女队员的封网高度。

（4）混合双打之挡直线、勾对角网前战术

当对方男队员从两底线攻我方女队员时，我方可采用挡直线结合勾对角网前的战术，避开后场强有力的攻击。只要挡和勾的质量有保证，还是容易变被动为主动的。当然，当我方男队员把球打到某一个点时，女队员要逼近封住其直线区，迫使对方打出高球。

（5）混合双打中的规律性问题

①从发球路线看，以发 1 号区球为主，其次是 2 号区球和 4 号区球，很少发 3 号区球；②从接发球的球路看，以接发对角球（小对角）为主，特别是从 1 号区接发两边中场球，其次是后场球，放网前球极少；③从行进间球路的规律看，以直线球路为主。

根据以上规律我们应该注意：①处理好 1 号区的接发球；②第三拍要处理好两边中场球；③在行进间，女队员要特别注意封直线球，兼顾对角球。

（6）混合双打之技术上的注意事项

第一，在手法上要注意掌握变线能力及控制能力，盲目地用力击球往往造成控制不住球，变线效果差。

第二，击球点上要注意高点击球，这样有利于平推、平抽和下压球。

第三，在击球时间上不要一味快打而缺少快慢结合，要注意利用假动作、时间差来击球。

第四，女队员在封网击球的用力问题上，要注意只有能向下扑压的球才用力扑压，对于只能推的球，不要太用力，以免让对方后场的男队员控制，因为轻推半场球往往更有效。

第五，女队员的站位不要太靠近网前，这样有利于增强封网能力。

第六，封网时拍子要举得高一些，以便直接向前或向下封压。应减少向后引拍的时间，提高封网的威胁性。

第七，在封网的步法上要注意，封到球后不要急于向中场回动，这是所谓封直线、封一点的步法特点。

第八，在双方男队员进行直接控制的过程中，女队员如没有把握，不要随意去抢球。应注意对方万一变线抽对角，我方女队员要能封得住，以减少男队员的压力，以利于男队员调整到有利位置。

第九，当我方获得主动进攻的机会，对方女队员已退至较好的对角防守位置时，不要勉强去攻击对方女队员，而应采用过渡进攻的办法，使我方获得更有利的进攻位置，再进行第二次进攻。

第四节　体育教学中乒乓球运动的训练实践

一、乒乓球运动的技术训练

（一）乒乓球运动的发球与接发球

发球和接发球是乒乓球的基本技术，二者是相互推动向前发展的，发球技术的提高能促进接发球技术的提高，反之，接发球技术的提高又能促使发球技术的再提高。

1. 发球

发球是力争主动、先发制人的第一个环节，是每一个得分的开始。发球时不受对方的制约，可以选择自己最合适的站位，按照自己的意图把球发到对方球台的任何位置上去，用以压制对方的进攻，为自己的进攻创造有利条件。球发得好，有时在比赛中还能引起对方的紧张感，甚至导致其接球失误。

发球技术应注意：①抛球要稳定（抛球的高度和抛球后球上升与回落的线路要稳定）；②触球点的高度要适当，发急长球时触球点要低些，发近网短球时触球点要高些；③球在本方台面第一跳的着台点要适当，发长球时第一跳要在球台的端线附近，发短球时第一跳要在中台位置；④手臂或手腕向前、向下发力要适当，使球既不致下网也不致弹跳过高或出界；⑤球拍摩擦球的部位和用力方向要准确，尽量用相似的动作发出不同的旋转球；⑥注意腰、臂、腕的协调配合，以提高发球的质量。

（1）平击发球

平击发球的特点：平击发球一般不带旋转。它是初学者最基本的发球方法，也是掌握其他复杂发球方法的基础。

平击发球的动作要点：①发球时持球手将球向上轻轻抛起（不得低于规则允许的高度），同时持拍手向后引拍，大臂自然靠近身体右侧；②当球从高点下降时，持拍手以肘为轴，前臂向右前方横摆击球；③向前挥拍时，拍面稍前倾，击球的中上部；④击球后第一落点应在球台的中区。

（2）正手发奔球

正手发奔球的特点：球速快，角度大，突然性强，并向对方右侧偏拐。它是直拍推攻打法常用发球技术。

正手发奔球的动作要点：①当持球手将球向上抛起后，持拍手随即向右后上方引拍，手腕放松，拍面较垂直。当球从高点下降时，大臂带动前臂由右后方向左前方挥摆，同时腰也由右向左转动。②当拍面触球的一瞬间，拇指用力压拍左肩，手腕同时从后向前使劲抖动，球拍沿球的右侧中部向中上部摩擦球。③发球的第一落点要靠近端线。

（3）反手发急上旋长球

反手发急上旋长球的特点：速度快，弧线低，线路长，前冲力大。它是快攻型打法的常用发球技术。

反手发急上旋长球的动作要点：①发球时持球手将球向上轻轻抛起，同时持拍手向后引拍，上臂自然地靠近身体右侧；②当球从高点下降时，持拍手以肘为轴，前臂向右前方横摆发力击球；③触球时拍面稍前倾，摩擦球的中上部，使球快速前进并具有一定的上旋；④球离拍后，第一落点在球台端线附近。

在学习发球时，应该由浅入深，由易到难。初学者可以先学习平击发球，待发球的准确性有所提高，基本上能够掌握发斜线、直线球之后，再学发急球、短球和左（右）侧上（下）旋的球，然后再学习用同一手法发不同旋转的球，以及其他难度较大的发球，根据各人不同情况区别对待，不必强求一律。

练习发球的步骤包括：①徒手做发球前准备姿势，模仿抛球及发球的动作。②先对墙练习发球，稍熟练后再在台前练习发球到对方台面。③同一种旋转的球先练习发斜线，后练习发直线；先练习发不定点的，后练习发定点；先练习发长球，后练习发短球。④练习发各种旋转性能的球至不同落点。⑤练习用同一种手法发不同旋转和落点的球。⑥结合个人技术特点，练一至两套质量高的特长发球。

2. 接发球

接发球是乒乓球技术中的关键技术。由于发球权掌握在对方手中，对方可以随意将球发至本方台面的任何落点，力量、速度、旋转等也可随机变换。不同类型打法的运动员所掌握的发球种类各不相同，这增加了发球的多变性与接发球的困难。从对方发球到本方接发球时间很短，接发球者必须在极短的时间内判断清楚来球的旋转、落点，并做出相应的步法移动和回接动作等，因此，反应快、技术熟练是接发球的基本要求。一般来说，虽然接发球是被动的，但是，若技术运用恰当，往往也能化被动为主动，成为取胜的关键。

接发球技术手段很多，基本上是由点、拨、拉、推、搓、削、摆短和攻球等各种技术组成的。因此，只有较全面地掌握各种接发球的方法，方能在比赛中化被动为主动。

（1）接发球的要点

第一，根据对方发球时的站位决定自己接发球的站位。如果对方用正手在球台右方发球则我方站位应偏右一点，如果对方用反手或侧身在球台左方发球则我方站位应偏左一些。站位偏左或偏右多是从回接对方发来的角度较大的斜线球来考虑的。站位离台远近，应根据个人习惯、打法来决定，通常为了便于兼顾接长球、短球，站位不宜太远或太近。

第二，观察对方发球前的引拍方向及球拍触球瞬间摩擦球的方向，判断球的旋转性能。如果向上则带上旋，向下则带下旋，向左（右）则带左（右）侧旋，不要被假动作所迷惑。

第三，观察发球时挥臂的动作幅度和手腕用力大小，判断球的落点长短和旋转强弱。

第四，根据发球的第一落点弧线判断来球的长短。如果第一落点短、弧线长，则发过来的是长球（急球）；如果第一落点长、弧线短，则发过来的是短球。

第五，根据球在空中的飞行弧线判断旋转。一般来说，先快后慢是下旋，先慢后快（总的来说是快）为上旋；球在空中的飞行弧线曲度大，为上旋或侧上旋；球在空中的飞行弧线曲度小，为下旋或侧下旋。

第六，看对方发球后落至本方台面后的弹跳情况。向前走得慢的是下旋，向前走得快的是上旋或不转球，向左偏飞的是左侧旋，向右拐弯的是右侧旋。

第七，记住不同性能球拍的颜色及各自的性能。

（2）接发球的方法

第一，接上旋转（奔球），用正反手攻球或推挡回接，拍面适当前倾，击球的中上部，调节好向前的力量。

第二，接下旋长球，用搓球、削球、提拉球回接，搓或削时多向前用力。

第三，接左侧上（下）旋球，可采用攻球或推挡（搓球或拉球）回接，拍面稍前倾（后仰）并略向左偏斜，击球偏右中上（中下）部位，以抵消来球的左侧上（下）旋转。

第四，接右侧下（下）旋球，可采用攻球或推挡（搓球或拉球）回击，拍面稍前倾（后仰）并向右偏斜，击球偏左中上（中下）部位；回接要点和方法与接左侧上（下）旋球相同。

第五，接近网短球，用快搓、快点或台内突击回接，主要靠手腕和前臂的力量。

第六，接转球与不转球，在判断不准的情况下可轻轻地托一板或撇一板，但要注意弧线和落点。

第七，接不同性能球拍的发球，长胶、生胶、防弧胶的发球基本属于不转球，用相应的方法回接。

第八，接高抛发球，如球着台后拐弯的程度大，应向拐弯方向提前引拍。

上述各种接发球方法，只是初学者应当懂得的基本知识。至于回球落点的控制、回球时力量的运用等问题，还有待于练习者在反复练习过程中逐步加以研究和提高。

（二）乒乓球运动的攻球

攻球是乒乓球比赛中争取主动权和获得胜利的重要技术。它具有快速有力的特点，能体现积极主动、快速进攻的指导思想，运用得好能使对方陷于被动，取得优势。因此必须学会全面的攻球技术。

1. 正手近台快攻

（1）正手近台快攻的特点

正手近台快攻站位近、动作小、球速快，借球的反弹力还击，能缩短对方准备回击的时间，为我方争取主动，可以充分发挥近台快攻的作用，也可以为扣杀创造机会，或直接得分。

（2）正手近台快攻的动作要点

左脚稍前，身体离球台 40 cm 左右。①击球前，持拍手臂要向右前伸迎球，前臂自然放松，球拍呈半横状。当球从台面弹起时，前臂和手腕向前上方挥动，并配合内旋转腕的动作，使拍形前倾，在球上升期击球的中上部。②触球时，拇指压拍，同时加快手腕内旋的速度，使拍面沿球体作弧形挥动。③击球后，挥拍至头部高度。球击出后，迅速还原，手臂放松，准备下一板击球。

2. 正手扣杀球

（1）正手扣杀球的特点

正手扣杀球是比赛中的重要得分手段，一般是在技术取得主动和优势的情况下运用。它具有动作大、力量重、球速快、攻击性强的特点，在还击半高球时能充分发挥击球力量，是得分的一种重要手段，常用来对付各种机会球或前冲力不大的半高球。

（2）正手扣杀球的动作要点

左脚在前站立，击球前持拍手臂向右后方引拍，并稍高于台面，球拍呈半横状。当球弹起至高点时，上臂带动前臂由后向前挥，将触球时，前臂加速用力向左前挥击，手腕跟着移动，在高点期击球中上部，拍形稍前倾。拍触球时，整个手臂的力量应发挥到最大限度，同时腰部配合向左转动。触球点一般在胸前 50 cm 左右。击球后重心由右脚移至左脚。扣杀后立即还原，准备连续扣杀。

练习攻球包括：①反复徒手挥拍练习，并结合步法一起练。②在台上用多球练习。开始自抛自攻，然后两人配合，陪练者连续送单个球，练习者正手连续攻球，先练习轻打体会动作的正确性，稍熟练后逐渐加力。③陪练者用推挡，练习者用正手攻球，先定点、定线路，然后有规律地变化落点，最后进行无规律的一点攻不同落点的练习。④对攻练习。两人先练1/2台右方斜线对攻，再练直线对攻。先轻打，能控制好落点后，再用中等力量，熟练后可发力对攻。对攻时先练习近台，然后到中台或中远台，并要有一定的数量和速度。

（三）乒乓球运动的推挡、拨球

推挡球是我国直拍快攻打法的基本技术之一。它的特点是站位近、动作小、球速快、变化多。比赛中运用它可牵制、调动对方，争取主动，在被动时可以积极防御，从相持变为主动。初学者应首先熟悉球的性能并掌握击球动作，再学习推挡球，然后进一步学习变换推挡球的力量和旋转等技术。

1. 推挡技术

（1）平挡

平挡的特点和作用：平挡球球速慢、力量轻、动作简单，容易掌握，它是初学者入门的技术。反复练习挡球可以熟悉球性，体会击球时的拍形变化，提高控制球的能力。在对方攻击时，挡球还能作为防御的一种手段。

平挡的动作要点：两脚平行或左脚稍前，身体离球台约50 cm。击球前，前臂与台面平行伸向来球。拍触球时，前臂和手腕稍向前移动，主要借助来球的反弹力将球挡回。

（2）快推

快推的特点：快推回球的速度快，有斜线、直线变化。在对攻和相持中运用对推两大角或突击对方空当能争取时间，使对方左顾右盼应接不暇，造成其直接失误或漏出空当，为自己正手或侧身抢攻创造条件。快推一般适用于对付旋转较弱的拉球、推挡球和中等力量的突击。

快推的动作要点：①击球前上臂、前臂适当后撤引拍（动作要小）；②击球前手臂迅速迎前，在来球的上升期触球；③触球的一刹那前臂稍外旋配合手腕外展动作，使拍面触球的中上部，手臂主要向前稍微向上辅助用力。

2. 横拍反手快拨技术

（1）横拍反手快拨技术的特点

反手快拨是横拍进攻型打法常用的一项相持性技术。它具有站位近、动作小、落点变化快的特点。它虽有一定的速度，但力量较差，应与其他攻球技术结合使用。

（2）横拍反手快拨技术的动作要点：右脚稍前，身体离球台约40 cm，持拍手臂自然弯曲，将球拍移至腹前偏左的位置，击球时前臂和手腕向右前上方挥动，同时配合外旋转腕动作，使拍形前倾，在球上升期击球中上部，击球后遂将球拍挥至右肩前。

横拍反手快拨技术的练习方法包括：①推挡徒手模仿练习；②对墙推挡击球练习，先不定点，后定点；③陪练者把球供到练习者反手位，练习者连续推挡，力量中等，落点不限；④陪练者发平击球到练习者左半台的不同落点，使练习者在移动中做推挡练习；⑤两人在台上对推，不限落点，只要动作正确并能击球过网；⑥两人对推，先推中线，再推直线和斜线，逐渐加快速度，体会快速推挡动作；⑦一点推两点或不同落点；⑧陪练者攻球，练习者推挡，先定点，再有规律变化落点，最后不定点。

二、乒乓球运动的战术训练

（一）乒乓球运动的发球抢攻战术训练

发球抢攻是我国直板快攻打法的"杀手锏"，是力争主动、先发制人的主要战术。各种类型打法的运动员普遍采用发球抢攻来抢占每个回合的上风。发球抢攻战术运用的效果主要取决于发球的质量和第三板进攻的能力。它具有速度快、突发性强的特点。

1. 正手发转球与不转球抢攻战术

一般以发至对方中路或右方短球为主，配合左方长球。开始先发短的下旋球为好，以使对方不能抢攻或抢拉，然后再发不转球抢攻。不转球，一般也先发短的，或发至对方攻势较弱的一面；如果对方接球失误，还可适当发些长的到其正手。若能发到似出台又未出台的落点，则效果更好。

2. 侧身用正手发高、低抛左侧上、下旋球后抢攻战术

侧身用正手发高、低抛左侧上、下旋球的落点为：发至对方中左短、左大角、中左长、中右（向侧拐弯飞行正好至对方怀中）和右短，配合一个直线奔球。左手执拍的选手采用此套发球抢攻的战术威胁更大。一般多用侧身发高抛至对方右近网，对方轻拉至反手，可用推挡狠压（也可用侧身攻）一板直线，或直接得分，或为下板球的连续进攻制造机会；若对方撇一板正手位球，可用正手攻一斜线至对方反手。

3. 反手发右侧上、侧下旋球抢攻战术

反手发右侧上、侧下旋球抢攻尤其适合擅长反手进攻的选手。一般多发至对方中右近网或半出台落点，然后用正、反手抢攻对方反手。亦可发长球至两大角。一般发至对方正手时，对方常会轻拉直线，可用反手抢攻斜线。若发至对方反手拉，还可伺机侧身抢攻。对横拍削球手，以发至中右半出台为好。因为横握拍用正手接右侧旋球不便发力，控制能力低。反手发右侧上、下旋球，应强调出手动作要快。对方接发球的一般规律是：你发短球，对方接球也短。发球抢攻者应有这方面的意识。

4. 反手发急球后抢推、抢攻战术

反手发急上旋球至对方反手后，侧身抢攻。要求急球发得快、力量大、线路长，并最好能有一个直线急球配合。擅长反手推挡的选手，或遇到对方反手推攻较差的选手，可采取发急下旋后用推挡紧压对方反手，再伺机侧身攻的战术。

为增加上述战术的效果，可与发右方小球配合运用，以长短互相牵制，相得益彰。

（二）乒乓球运动的接发球战术训练

接发球战术与发球抢攻战术同样重要。在某种意义上讲，接发球水平的高低可以反映运动员的实战能力以及各项基本技术的应用程度。事实上，接发球者只是暂时处在被控制状态，如果你破坏了发球者的抢攻意图或者为其制造了障碍，减弱了对方抢攻的质量，也就意味着已经脱离被控制状态，变被动为主动了。控制与反控制是辩证的统一。同时还要求力争积极主动，能拉的一定要抢拉，能攻的一定要抢攻。树立抢拉、抢攻为主的指导思想。不管用什么技术，接发球都要突出"快"字，还要突出"变"字，多变化接发球方法，多变化接发球的落点、旋转、速度。

接发球抢攻或抢拉是对付对方发的各种上旋球，侧上、下旋球的一种积极主动的接发球方法。当对方发球时，注意力要高度集中，判断对方发球的旋转、落点、速度，如果对方发的是长球或半出台球，应及时移动步法，抢到最佳击球点，大胆采用抢攻或抢冲接发球。

用推（拨）接发球，将球接到对方弱点位置。运用这种接发球战术时，应击球速度快、弧线低、落点刁。

用搓球接发球，当对方发强烈的下旋短球或侧下旋短球时可以快搓摆短配合快搓两角底线长球，争取抢先拉或攻。

接发球针对性要强。如果对手追身球能力差，接发球时就往追身位快点或抢冲；如果对手攻短球能力差，接发球时就快搓摆短。总之，要破坏对方的发球抢攻，为自己下一板（第四板）抢攻创造条件。

（三）乒乓球运动的搓攻战术训练

乒乓球运动搓攻战术是进攻型打法的辅助战术之一，主要是利用搓球旋转的变化和落点的变化为抢攻创造机会。这一战术在比赛中被普遍采用。搓攻战术也是削球型打法争取主动的主要战术之一。搓攻是以快、慢搓球为过渡性手段，经过搓球的旋转、速度、落点变化，控制、组织、制造机会，进行突击扣杀，拉、冲弧圈球。它是初学者经常运用的战术。

第一，搓转与不转球，制造机会，伺机突击。利用搓转与不转球的变化配合落点，出现机会，进行突击、扣杀或拉、冲弧圈球，取得主动。可以先搓加转下旋，交替用相似方法搓出不转球，择机进攻。起板时出手要快，落点要刁钻。

第二，快搓加转短球，配合快搓两大角，然后突击。利用快搓加转下旋球至左、右方近网，迫使对手贴近球台，突然又用快搓至左方或右方两大角和用这种时间差，再配合落点旋转变化，趁着对方动作稍一缓慢，抓住机会，进行拉、扣、冲袭击。

　　第三，搓逼反手大角，变直线，伺机进攻。先用加转搓球逼住对方反手位大角度，视其准备侧身、注意力集中在反手时，突变直线伺机进攻。这种战术一般用于对付反手进攻能力不强的对手。

第六章 体育教学中拓展训练的开展与实践

第一节 拓展训练对体育教学的影响

拓展训练进入体育课堂是对传统体育教学的改革和创新，是拓展训练融入学校的最佳切入点，它不仅丰富了体育课的内容，同时增强了体育课的实用性、趣味性。"拓展训练是让学生通过参与教学自行感受体验型教学方式，所有的课程精心设计，都是通过经典情景和活动让学生受到锻炼，从而使其成为持之以恒、坚忍不拔，拥有良好的心理承受能力、动手实践能力和充满正能量的各方面能力得到综合发展的优秀学生。"[①] 体育教师在体育教学中若能成功地运用生动有趣的拓展训练，将会使学生兴趣高涨，积极性倍增，教学效果得到提升，有效提高教学质量。

一、丰富学生的体育知识

作为一种综合性的运动项目，拓展训练源于军事技能训练，它是经过改造与模仿，以体验式教育和学习为主的体育产品，重在塑造参与者的理论知识和心理素质。在拓展训练运动中，体育知识包括以下三个方面：

第一，对拓展训练项目的理解。拓展训练项目包括个人项目和团体项目。理解规则是参与者的首要任务，达成共识才能够顺利完成项目，体会到运动的快乐。如定向运动项目，需要参与者学会看地图，按照地图的标记寻找到目标，并且利用最短的时间取得胜利。

---

① 马玉明. 高校体育教学中实施拓展训练的探讨 ［J］. 佳木斯职业学院学报，2021，37（09）：141.

第二，提高学生的团队组织知识。团队项目需要一位组织者，有效的组织和安排能够增加团队的凝聚力。

第三，激发学生对体育发展的关注。体育知识包括许多方面，如体育赛事、体育娱乐等。

二、提高学生的技能水平

体育技能是人们从事运动所表现出来的专业技术水平。随着学校体育教学项目的不断发展，引入的教学内容也日益丰富，学生的体育技能也逐步增强。拓展训练所包含的项目众多，运动形式多样，以趣味性和创新性为主要特点，目的是激发学生的运动兴趣，发展学生的体育技能。如登山、逃生墙等项目都可以相应地提高学生的专业技术水平。提高学生的体育技能水平的具体做法有以下两点：

第一，情景引导。在运动开始之前，设置相应的背景或者剧情，让学生投入其中，使原本枯燥无味的体育运动变得更加生动，进而提高学生的身体素质。

第二，提高技术水准。无论是团体性项目还是个人项目，都需要一定的技能基础。如逃生墙，需要学生拥有足够的臂力和攀爬能力。所以，拓展训练的开展可以提高学生的体育技能水平。

三、规范学生的体育行为

体育行为是较为宽泛的概念，可以说学生参与和体育相关的行为活动都可以称之为体育行为。随着我国居民生活水平的不断提高，体育行为也逐渐多元化，不再局限于体育运动。从学生购买参与体育运动的服装和器材，到关注体育赛事的发展状况，再到每周参与体育运动的次数等，都无疑发生了巨大的改变。拓展运动也成为当前学生参与的热门项目，其趣味性和创新性使他们的体育行为更加丰富。尤其是新媒体的介入，扩大了学生体育行为的范围。在参与拓展运动的同时，一方面，学生之间的交流可以丰富他们的体育知识，了解不同的体育信息；另一方面，可以促进人际关系的发展，激发学生的运动动机，为培养终身体育提供良好的平台和基础。

四、提高学生的身体素质

学生的体质问题一直是学校体育教学较为关注的话题，近年来我国对学生体质水平的调查结果显示，学生的体能包括速度、耐力、爆发力等指标不容乐观，值得进行相关研究。拓展训练教学模式的多元化，成为学生愿意参与体育教学的主要因素之一。传统项目的教学模式较为单一，内容比较固定，一定程度上降低了学生参与体育教学的兴趣。而拓展训练项目的综合性，可以更好地体现出兴趣教学的特点，使学生更加全面地得到锻炼。如定向运动，在特定的地点设置目标，在一定时间内让学生快速完成任务。在此期间，学生需要徒步到达目的地，这样就达到了一定的有氧运动效果，进而提高学生的身体素质。不仅如此，在"急速 60 s"项目中，学生需要快速跑步进行接力，参与无氧运动。在充满娱乐味道的体育活动中，充分激发学生的运动兴趣，使其主动参与进来，使他们的身体素质得到全面的发展。

五、增强学生的体育意识

意识引导行为。拓展训练项目在设计过程中，掺杂了许多具有挑战性、创新性、趣味性等特点的内容，它是一种培养心理素质、身体素质等综合素质的项目，利用各种道具或场景使参与者克服种种困难，旨在磨炼毅力和意志，充分激发其勇气和智慧。在快速发展的当今社会，消极意识层出不穷，阻碍了人们进行持续性锻炼的脚步。重视体育意识的培养，形成终身体育的习惯，也是目前体育教育的重中之重。"拓展训练属于团队协作开展的训练活动，能更好地促进学生学习兴趣的激发，引导学生树立终身学习的理念。"[1] 拓展训练满足学生的体育需求，达到身心健康的目的。具备良好的体育价值观，才能培养乐观向上的心态，才能完成各个科目的学习。因此，体育价值观的塑造不仅关系到高等教育的人才培养，而且关系到国家未来的道德发展趋势。

---

① 高振峰. 拓展训练在体育教学中的应用探究 [J]. 科技资讯, 2020, 18 (24): 120.

第二节　体育教学中开展拓展训练的重要性与基本理论

一、体育教学中开展拓展训练的重要性

(一) 有助于素质教育的推进

1. 凸显学生的主体地位

拓展训练课程的一个显著特点是通过体验式教学让学生进行自我教育。拓展训练课程与传统的体育教学方式有许多不同之处：备课过程中，教师会对拓展训练课程的目的、内容、注意事项以及具体的实施方案进行详细的策划，并在开课之前将备课内容细致地传达给学生，尤其是注意事项和活动规则等方面；一旦课程开始，以上内容将不予重复或强调；课程结尾，要求学生对训练进行分享，主要让学生自发地参与讨论，总结出所获和所感。这一系列过程充分体现了参与者——学生的主体地位，对于激发他们的潜能起到良好的推动作用，凸显学生的主体地位这一理念与素质教育的目标相吻合。

2. 优化学生的心理素质，促进学生个性化发展

拓展训练课程每一个项目的策划，其目标都是让学生自由地展现最真实的自己。在安全范围内，让学生最大限度地去挑战自己，通过不断地战胜自己和战胜对手，实现在紧张的气氛中感知真实的自己，克服内心的恐惧和不安，及时地调整自己，让学生学会对抗压力，培养学生在紧张的气氛中抵抗各种干扰，保持清醒和沉着冷静的能力，让学生在有效的时间内做出正确的判断，进而能够果断且高效地处理问题。学生获得生理上和心理上的双重冲击，极大限度地锻炼了心理承受能力，提高心理素质。同时课程对学生认识自己起到了促进作用，让学生的心理健康提高到新的水平上。

拓展训练课程让学生认知自己的短板，正确认识自己的缺点和不足，有助于学生在今后的发展过程中扬长避短。拓展训练课程在培养和提高学生心理素质方面的侧重实施是它区别于传统体育教育方式的一个重要特点，同时

也是现代教育理念的升华。

3. 提高学生的社会适应能力

教育有义务在校园和社会之间建立纽带。通过教育，提高毕业生的综合实力，为学生未来进入社会奠定良好的基础。拓展训练课程就是扮演纽带的角色。该课程在内容的设计方面，其中最显著的特征是锻炼学生努力克服阻力的能力，让学生在战胜困难的过程中不断超越自我。拓展训练课程在内容的设置方面，重点强调让学生在团队协作过程中体验成功的喜悦和获得坦然地接受失败的勇气。学生在拓展训练中通过内心的挣扎过程来磨炼自身坚强的意志，并且能够客观地认识自己；拓展训练课程灵活多变的体验方式，有助于学生改变固化的思维模式，让他们学会辩证地看待世界。

(二) 有助于推动体育教学改革

1. 实现了对体育课改的大胆尝试

在传统的体育教学模式中，为了充分体现学科本位和保证知识体系的完整性，课程内容在设置上多以运动项目为主体，导致课程内容以竞技性运动项目为主，其授课方式较为烦琐和陈旧，授课内容较难且与新时代社会情境和学生的现实生活关联性不强，同时缺少科技发展元素以及与生活的联系。拓展训练课程形式新颖，内容充实且富有挑战性，有助于激发学生的参与热情，在教学目标的实施方面能够达到事半功倍的效果，同时也是体育课改的一种大胆尝试。

2. 为学习方式的变革提供助力

由于传统的体育教学以学科为中心，在教学过程中，学生的学习较为被动，这种机械性的学习方式逐渐影响了学生的学习热情，扼杀了学生的创新性思维。想要达到良好的教学效果，过度程序化的传授方式不利于受教育者对教学内容的获取。拓展训练课程有助于让学生的学习方式变被动为主动，学生在活动中积极主动地获取解决问题的能力，并积极地进行自我总结和自我教育，因此拓展训练课程为学生学习方式的转变提供了助力。

3. 推动传统教学模式的改进

现代社会对人才的要求愈来愈高，培养全能型的新型人才是当代教育的主要目标之一，传统的教学模式暂时无法达到素质教育发展的要求，因此在教学模式上须进行改进和提升。拓展训练课程完全体现学生的主体地位，在授课过程中，教师不是一味地将知识强行灌输给学生，而是通过预先进行详细策划的一些拓展项目，让学生主动参与，在活动中始终尊重学生的主体地位，始终以学生为主体。这种授课模式将学生的学习过程和教师教学过程进行了重新定义。学生的学习不是通过老师的直接灌输，而是在教师精心策划的活动中主动获取知识。老师的教学则是体现在对于拓展项目的前期策划、对学生的及时引导、活动的指挥及活动结束后组织分享和感悟等方面，拓展训练课程的教学方向主要是为学生打造学习的外部条件和环境，给学生足够的发挥空间，在推动教改方面起到积极作用。

二、体育教学中开展拓展训练的基本理论

实践过程是拓展训练的重要环节，它直接影响到拓展训练的效果。同时，理论知识在整个拓展训练过程中也具有重要的引导作用，不容忽视。无论在课程设计中还是在项目实施中，都会运用到相关学科的知识，诸如体育学、心理学、管理学等方面的理论。同时，这些知识对于拓展训练本身的理论构建与研究也同样重要。

（一）体育学理论基础

体育课教学有其自身的规律和特点，教师应根据这些规律和特点而制定相应的教学任务、目标、组织形式以及实施方案。体育引入拓展训练课程，必须把两者的特点和规律进行整合分析，特别是在教学目标、运用原理、方法手段等方面进行比较分析，制定适合体育教学开展的拓展训练课程教学计划。在具体实施上，拓展训练的开展同体育课教学一样，受教学任务、内容和学生特点等因素制约，其发展变化反映社会变革发展对人才要求的不断完善。拓展训练是一种以身体活动为载体的全新教育模式，其目的是在促进学生身心全面发展的基础上，培养学生顽强的意志品质和稳定的心理素质，以提高环境适应能力，这与体育教学的目的不谋而合，也可以说拓展训练其实就是体育功能的社会体现和纵向延伸。拓展训练和体育教学采用的都是体验

式教学。拓展训练借助场地设施，设计有针对性的模拟场景，通过拓展项目的实施让学生发现自我、认识自我、提升自我。同时，通过项目体验带来的不同刺激，促进学生形成稳定健康的心理素质，并得到一种高峰体验，这种原理和途径与体育教学的模仿和竞赛很相似。由此可见，拓展训练与体育教学在特点、教学目的以及所运用的原理和途径上存在众多相同之处。体育学理论知识为拓展训练课程教学提供了良好的借鉴。

总之，体育学理论在体育教学开展拓展训练课程的理论构建中具有极其重要的地位和作用。体育学是从整体上认识体育全过程的一般规律，抽象地反映出体育的主要特征，准确解释其本质的一门学科。体育学的知识体系在拓展训练课程教学中的大胆运用，使拓展训练本身显得更加充实，这也为拓展训练提供了持续发展的动力。同时，体育学以拓展训练为学习载体，将其理论变得更加丰富、直观、有趣，使学习者有更多的机会在暗含其理论的活动中体验和感悟，在活动后巩固那些终生难忘的知识。

（二）心理学理论基础

1. 拓展训练的心理学内涵

拓展训练的个人项目和团体项目通过情景设计和体验式教学，使学生在思想上发现自我、认识自我、提升自我，培养学生积极的心理素质、良好的社会适应能力、优秀的创造思维，从而使学生面临困难和挑战时用积极的人生态度挖掘自身的潜力去寻求解决问题的方法，进而获得成功。这种学习形式符合韦纳的归因理论，即把成功与失败归结为某种因素，这对情感认知和工作学习有着重要的影响。拓展训练所依据的心理学原理还有迁移理论和认知理论。分享回顾是拓展训练的环节，学生在这个环节能挖掘到拓展项目与自身学习生活间的相通之处，并通过分享回顾相互交流和吸收彼此的成功体验，这就大大拓宽了经验有效迁移的范围。拓展训练是一种体验式学习模式，其学习流程是体验、感受、分享、总结、应用。它改变了传统教学中以教师为主、学生为辅的教学模式，教学内容都由学生亲自去体验，充分尊重学生的主体地位和积极性。教师在项目实施过程中做必要的讲解和引导，让学生在体验学习的过程中形成认知结构，通过顿悟和理解获得心理体验，这符合心理学的认知理论。

2. 拓展训练的心理学意义

从拓展训练教学过程来看，它能对学生的身心发展产生较为全面的复合教育功能。在实现拓展训练目标的过程中，通过知识、技能的学习，学生实现心理健康发展。并且，教师通过拓展引导示范、场地设施的布置等非语言行为，可以潜移默化地培养学生良好的兴趣、稳定的情绪和坚强的意志品质，促进学生非智力因素的发展。由于拓展训练的特殊性，拓展教师与学生直接接触，且距离近、交流时间长，加上拓展教师的关心、鼓励、信任、赞赏，将大大增强学生的沟通、交际能力，加快学生的社会化进程。

可以说，心理学是拓展训练对个体发展影响研究的基础。拓展训练项目本身是学生学习知识和完善自我的一个载体，因此拓展教师不仅要注重参与拓展训练时的心理感受，同时还要关注学生真实的心理反应。体育拓展训练是符合现代人和现代组织一种全新的体验式学习方式，所依据的理论基础是归因理论、迁移理论和学习的认知理论。它成功地吸取了其中可以运用的部分，并在实践中进行发展，而不是一味地沿袭守旧。

（三）教育学理论基础

1. 教育学是拓展训练教育价值观的依据

在某些具体的问题上，拓展训练作为一种突破传统教育思想和模式要求的全新学习与教育方式，受到了人们的广泛关注与肯定，但它本身仍然符合一些传统教育的规律。教育学的观点认为，个体的主观能动性是其身心发展的动力，从个体发展的各种可能变为现实这一意义上来讲，个体的活动是个体发展的决定性因素。拓展训练设计的场景与环境，是将在生活中可能遇到、有可能发生的情况在时间与空间上进行合理的控制，给学生新奇、有趣的感觉，让他们觉得有能力完成，但又需付出努力，而且这种努力需要合理的个体与团队行动方案，这就引起了学生心理上的需求，促成了学生心理的矛盾运动，成为学生心理发展的动力，推动学生的心理发展。这种状态能最大限度地调动学生的主观能动性，使学生朝着积极的方向努力，求得解决问题的办法，从而达到提高素质的目的。

2. 拓展训练能够在学习中实现多方面的互动性

拓展训练的许多项目是在拓展教师与学生的共同交流与互动中进行的，由于情景的设置，这种互动包括学生与当时情景的互动，学生内心矛盾产生、斗争、决断的心理互动，学生与器械的互动，学生与学生的互动，学生与拓展教师的互动。同时，拓展训练能够通过学生在项目中的表现，通过相互观察和自我观察，反思自己存在的问题。这种"行动—观察—反思"的学习模式，能够使学生自己得到一个"螺旋式"的提高，更有助于他们学习动力的保持，也有助于自我的检查与提高。在拓展训练这种"互动式"的学习中，"互动"不仅有外显的互动，如师生、学生之间的互动，而且更多的是内隐的互动，如学生自我的心理互动、与情景的互动。

教育学以教育事实为根据，以规律为对象，以规范、控制和改变对象为任务。教育学的功能表现为教育理论对人的思想品德教育方面的作用，在此过程中要充分地考虑教育现象的特殊性。体育教学开展拓展训练的过程中，其内容含有丰富的教育因素，在向学生提供系统的科学理论的同时，要以一定的思想观点给其以影响。教育学的教育性是独特的，而这正符合当代学生的特点，这种独特性以教育理论为中介，帮助学生确立正确的教育观念和道德观念。这一过程是学生学习和掌握教育理论的过程，是学会辩证地、科学地思考的过程，也是辩证思维积极活动和得到锻炼的过程。学生通过学习，掌握了教育的概念体系，也就促进了教育理论思维的发展，从而能用"教育的眼光"看待体育教学开展拓展训练课程的理论和实践意义。

（四）管理学理论基础

1. 管理学是拓展训练内涵的重要体现

管理是人类各种活动中最重要的活动之一。自从人们开始组成群体来实现个人无法达到的目标以来，管理组织工作就成为协调个体必不可少的因素。在拓展训练课程里，会有诸如管理的层级问题、管理者的角色问题等知识，比如"孤岛求生"就将"盲人岛"的角色和任务定义为基层管理者，"哑人岛"的角色和任务定义为中层管理者，"珍珠岛"的角色和任务定义为高级管理者。同样，不同层次的学生在完成项目时会有不同的工作重点，各自也将担负不同职责，高级管理者负责全局的发展与制定长期决策，中层管理者负责执行与实施决策，同时需要起到桥梁和纽带的作用，做好上传下达、上接下连的工作，基层人员工作需要积极主动、努力而有效地完成具体的工作。由此可见，拓展训练的实施与开展，一刻也离不开严格的组织管理，是管理学原理的最好体现。

2. 管理理论贯穿于拓展训练的全过程

关于管理环境，关于计划的制定，关于组织、领导、控制等理论，这些在拓展训练中时时被提起，环环都运用。在管理学中，沟通是其中的一个重要章节，在拓展训练中，沟通是许多项目中都需要的。此外还专门有针对沟通设计的项目，用以帮助训练者了解沟通对完成任务的重要性。

总之，在拓展训练课程教学中，管理理论知识能帮助学生抓住问题实质，认识事物发展方向，使学生逐步形成比较科学的管理风格。管理学以一般组织的管理为研究对象，探讨和研究管理的基本概念、原理、理论和方法。在管理和领导理论引导下，学生可以根据自己的兴趣、气质、性格、职业期望和倾向等，采取科学、系统、有效的方法和步骤完成拓展训练目标。从本质上讲，管理学的理论和原理在拓展训练课程教学中的运用，不仅使学生理解了许多重要的管理学概念、方法和理论，领会到了管理学的思想和核心，也提高了学生的综合素质，提高了学生的系统分析能力、决策能力和组织协调能力，增强了学生的创新精神、合作精神等，对于他们走向社会有较大的帮助，这正是拓展训练课程在体育教学开展的目的之所在。

（五）生物学理论基础

1. 人体机能适应性规律

从生物学角度看，适应性一词系指使有机体在他们特定生活环境下获得生存下去的解剖、生理和行为的特质。适应性原来的基本含义则是：生物必须生存在与之相适合的一定环境中，当环境发生变化而影响生物的生存，生物则将在形态机能上和行为方式上做出调整，以顺应变化了的环境。现代社会的变化尤为剧烈和复杂，组织和个体的适应能力及应变能力将决定其生存和发展。在拓展训练项目中安排"对答如流""雨点变奏曲""快指"等项目,对学生进行针对性的训练,并提醒学生注意改变不良的习惯并克服惰性,锻炼学生根据事物的发展变化随时随地地审时度势及时做出机智果断应变,提高他们的能力。

2. 人体生理活动变化规律

人体生理活动是人的其他活动的前提,人体生理活动的正常进行,是人的生命存在和社会存在的标志。只有人体生理活动正常存在,人的精神活动、人对世界包括对自身的一系列活动才能正常地进行。拓展训练是使人在个体生长发育的可塑性范围内与发展的可能性中,通过积极的、有意识的情境设计,实现个体协调、合理地发展。同时,人体生理活动变化规律作为拓展训练的生物学原则,不仅限定了拓展训练的基本活动方式必然是身体活动,也规定了身体力行地进行自我体育实践是体育运动的内在要求,并且决定了为有效地对个体不同部分、不同属性、不同层次产生积极的运动效应,应形成和构建丰富多彩的拓展训练形式和运动方法。

(六) 社会学理论基础

1. 拓展训练与人的社会化

人的社会化是指生活在社会中的个人,在从生物人到社会人的成长和发展过程中,接受社会文化和规范,使自己逐步适应社会生活,取得社会成员的资格并形成独特的自我发展和完善的过程。人的社会化是一个复杂的教化过程,社会成员或群体是否实现社会化,不仅关系到他们自身的生存与发展,同时也关系到社会的稳定与进步。因此,人的社会化程度,在一定意义上说,是反映社会发展、文明与进步的标志。拓展训练是一种走向社会,融入大自然的健身运动。参加拓展训练的人群以健身为媒介,在训练中交流沟通,提高人的社交与处事能力,以及搜集信息的能力。

人的社会化对个体、对社会都有着重要而深远的意义。通过拓展训练活动实现人的社会化是一种生活化的自然演进的过程。社会化的最终标志是使个体适应社会的制度规范和道德规范,把这些规范化为拓展训练活动过程中的各种生活化的自然演进的因素,促进人的社会化,提高人的社会职能。

2. 拓展训练与社会角色

社会角色是有着特定的权利、义务和行为规范的人。对个体来讲，角色决定了被他人所预期的行为，并且它还是自我感觉的主要来源；角色使个体拥有某些经历，而这些经历将有可能影响到其后的态度、情感和行为。人总是以不同的角色来适应社会，按照社会对不同的角色要求来支配自己的行为。自主性的拓展训练是进行角色扮演与表现自我的最愉快场所。因为拓展训练能够在轻松愉快的环境中，满足社会生活中的个体要求，为他们提供尝试社会角色的各种机会。在拓展训练中，通过扮演不同的社会角色，有助于人们具体地感受社会生活，了解社会对不同角色的期待，理解角色的多样性和稳定性，锻炼扮演角色的技能，培养角色的心理习惯和社会角色感，有助于现实生活的角色扮演和接受社会、适应社会。

(七) 经济学理论基础

1. 拓展训练与经济发展

经济是拓展训练行业发展的基础，经济发展水平从根本上制约着这一行业的发展水平。因此，全面建成小康社会带来的经济发展会给拓展训练行业创造更多的发展机遇，这是不言而喻的。但这仅仅是问题的一个方面，在一定的条件下，影响往往是相互的。拓展训练行业的发展也能对社会经济发展的各个方面起到良好的促进作用。从一定意义上讲，参与拓展训练是一种休闲消费，要促进消费，就要发展相应的消费产业。而拓展训练将以其特有而又鲜明的时代特性将休闲娱乐与休闲健身有机地结合在一起，促进人们的健康消费。它必将成为社会发展新的经济增长点。

2. 拓展训练的经济学意义

拓展训练的方式是多种多样的，它所需要的产品和服务也是多种多样的。为满足拓展训练的多种需要，一个发展规模庞大、种类繁多的拓展训练产业应运而生。而且，随着社会经济的发展、休闲需要的增多，拓展训练产业的规模将越来越大。这个新的经济增长点最终必将成为整个社会经济的重要支柱产业。总之，拓展训练能够促进消费、盘活经济、繁荣市场。同时，拓展训练的兴起又是建立在一定的经济基础之上的。也就是说，经济为拓展训练服务，拓展训练又促进经济发展，这种辩证关系正是拓展训练的经济学意义之所在。

（八）美学理论基础

1. 拓展训练的美学内涵

美学是以对美的本质及其意义的研究为主题的学科。美是人的社会实践的产物，是人的本质的对象化，是真与善的内容同和谐的形式相统一的、丰富独特的，能引起人的愉悦心情的生活形象。拓展训练作为一种全新的体验式学习方式，它通过人体各器官、各组织有机的运动，规范协调的身体动作，创造了平衡、对称、协调等运动美的形式。根据拓展训练项目的不同，人体各运动器官及整个形体的各种不同变化和一系列步行变换都属于动态性的造型，给人以生动、活跃、振奋、激动的情感体验。处于运动状态的形体或部位，瞬间静止不动的态势，这些都为审美提供自由的主体、自由的时间和空间，使主体有时间欣赏审美对象。

2. 拓展训练的美学意义

拓展训练作为一种特有的社会文化现象，在某种意义上说，它正是希望通过自己的努力形成积极的人生态度，促进人格的完善与心理的健康，重新恢复并不断创造着人性的完整性。学生参加拓展训练活动、欣赏运动之美，可以从中吸取丰富的精神营养，感受到坚定刚毅、顽强拼搏、积极进取、勇往直前、不畏艰难、勇于挑战、团结协作等品德之美，从而引起心灵的震撼和共鸣，受到感情的熏陶，实现自我的升华。同时，拓展训练也并不是单纯的社会现象，更是一个意蕴深厚的文化范畴和美学命题。可以说，拓展训练是美的载体、美的传播媒介；而美，又是拓展训练通向未来的航标。

未来的拓展训练，是构成科学、文明、健康、美好生活的重要组成部分。从美学角度研究拓展训练，是为了在拓展训练中创造更多、更新的美。人的发展没有止境，社会生活的发展没有止境，人的审美需求没有止境，拓展训练所体现的运动之美也就具有永恒的魅力。因此，研究拓展训练的美学意义是拓展训练发展的需要，是人类文明发展到一个新阶段的象征。从美学的角度认识拓展训练，是鸟瞰拓展训练、丰富拓展训练理论的新方式。美学能帮助学生认识拓展训练，更好地理解、判断和洞察其实质，使之日臻完善和丰富。

第三节　体育教学中开展拓展训练的特点与模式

一、体育教学中开展拓展训练的特点

传统体育教学过程以教师为主、学生为辅，重视对学生进行知识的传授，并把让学生掌握传统知识技能当作教学的最终目的，这种教学模式不利于学生创造性思维的发展，不利于提高学生稳定的心理素质和良好的社会应变能力。拓展训练与传统体育教学最大的区别在于，拓展训练以学生为中心，强调学生的"学"，淡化教师的"教"。在拓展训练中，"学"是为达到教学目标而有针对性地为学生设计的活动内容，而教师的"教"是指包括模拟情景、场地设施、训练项目等为学生学习创造的外部环境，教师只是给予及时的启发、引导。这种体验式的教学模式进入学校体育课将有利于加快传统体育课教育观和模式的改变。

传统教学体系中的沟通方式是教师和学生间的单向沟通，而拓展训练中的沟通则是多向的。在教师与学生的多向沟通过程中，学生与教师之间、学生与学生之间相互交换感受，最终达成一致意见从而完成任务。

拓展训练是一种体验式学习模式，与传统的教学有很大不同。传统教学以教师为中心，注重知识、技能的传授，教学内容单调，组织形式单一，重视成绩评价，忽略学生个性发展。而拓展训练的体验式学习侧重个性发展，注重体验，注重实践与理论结合。而且拓展训练内容丰富多样，寓意深刻，注重实效性，以体验引导作为教育手段，通过拓展训练，让学生感受并领悟到稳定的心理素质、良好的社会应变能力、优秀的团队意识对获得成功的重要性，并牢牢地刻在意识中。教师通过分享回顾、引导总结使学生在拓展训练中获得的体验能够在他们今后的学习和工作中发挥持续效用。

二、体育教学中开展拓展训练的教学模式

（一）教学模式的指导思想

坚持以学生为主体，教师为主导，在教学过程中充分发挥学生的主体地位，关注个体差异，遵循学生身心发展规律和教学规律，通过体验学习激发学生潜能，以提高学生的心理素质和社会适应能力以及团队意识、创新能力为总体指导思想，同时重视拓展训练内容的文化含量，把拓展训练与素质教育有机地结合起来，实现素质教育对培养全面发展的创新型人才的需要。

（二）教学模式的主要目标

拓展训练以小队为单位活动，通过一系列活动项目的开展，不仅能够激发个体的潜能，提高个体的心理素质，培养良好的创新能力，提高个体的管理能力和社会应变能力，而且能够增强团队凝聚力和创造力。

1. **团队建设**

（1）领悟团队有效合作的关键因素。

（2）增强团队意识、创造力，相互信任、尊重。

（3）发扬民主精神，集体决策。

（4）各司其职，相互鼓励，相互配合，以实现共同目标。

（5）掌握团队创新和克服团队沟通障碍的技巧；充分认识团队创新的重要意义。

（6）服从大局，提倡勇于奉献精神。

（7）营造和谐氛围，提高团队管理能力。

（8）以集体为荣，增强集体荣辱感。

2. **管理才能**

（1）明确管理才能的内涵及影响因素。

（2）探索不同的领导风格和技巧。

（3）感悟团队管理中的计划、组织、控制、领导、协调的重要性。

（4）运用创造思维，探索不同的决策方式。

（5）增强管理意识，提高分析问题、解决问题的能力。

3. 个人发展

（1）发现自我、认识自我、提升自我。

（2）既能独立又能协作，相互尊重和信赖。

（3）重新审视自我，发掘个人潜力。

（4）增强个体责任感，培养集体意识。

（5）培养稳定的心理状态，增强面对挫折和挑战时的信心。

（6）理解拓展训练的目的，明确个体的目标和价值。

（7）体验自己的心理极限，磨炼战胜困难的毅力和决心。

（8）学以致用，将拓展训练高峰体验应用到日常学习工作中去。

（三）教学模式的设计原则

1. 以人为本原则

拓展训练属于体验式学习，根据学生知识背景、专业等方面的不同，设计特定的场景和训练项目，让学生通过活动发现自我，重新认识自己的潜能，将拓展训练效果渗透到行为体验中。从学生面临挑战时的本能表现和现有的思维方式与行为方式着手，通过具有针对性的课程设计和指导，让学生完成最深刻的观念转变并形成更好的行动方案，最终形成优秀的品质。这一过程要体现以人为本，即以学生为中心，以学生的"学"为主导，着力体现学生的主体性。这样不但保证了学生在拓展训练中的自主地位，而且能够保证学生的个性特征得以张扬并得到尊重。

2. 安全性和惊险性原则

由于拓展训练特殊的培训过程，在训练活动中没有绝对的安全，甚至偶尔有一些风险事件发生，至少风险一直在身边，如空中断桥、天梯、攀岩、求生墙等项目的确存在危险性，在进行这些风险相对较大的项目时，安全方面必须充分保障，拓展教师一定要做好宣传教育工作。尽管风险存在，但拓展训练因其独特的魅力，吸引越来越多的学生参与其中，因为风险本身的存在正是人们，特别是年轻人参与拓展训练的原因之一。从社会学的角度来看，在有惊无险的活动中追求安全感成为某些人更愿意追求的目标，在安全感的边缘挑战是人们参与拓展训练的一个方面，努力将风险化解，才能体会重归安全的美妙和成功的快乐。

3. 开放性和普遍性原则

学生拓展训练旨在培养学生稳定的心理素质和良好的社会应变能力，帮助学生树立正确的人生目标，敢于挑战自我极限，具有克服挫折的毅力和信心，培养优秀的创造思维和积极的人生态度，增强团队合作意识。学生素质拓展训练又是一项系统工程，它是在各级组织总体安排下的团体性学习教育活动。因此，不受专业、年级和学校的局限，适合各种接受学校教育的本科、专科和研究生，可以开放设计，鼓励同学们积极参与，鼓励不同专业背景、不同年龄层次的学生相互交流借鉴，提倡文化融合和资源共享，以实现激发个体潜能、认识自我、提升自我以及积极进取的人生奋斗目标。

4. 创造性和实践性原则

拓展训练为学生展示自我、发挥创造精神提供了最好的机会和场所。坚持创造性原则就是让学生积极主动参与到拓展训练中来，自己制定活动计划、安排活动内容，在活动过程中运用发散思维，积极探索拓展训练的组织、控制、协调、领导、创新等管理机制，发挥具有创造性的想象和思维，从而大大提高创造能力。拓展训练有利于手脑并用，达到立竿见影的目的。在拓展训练过程中，参训学生根据自己的知识背景、能力，将理论的知识应用于实践，即从实践的角度，确定拓展训练的内容、方法以及项目和时间安排等。

5. 最大性和最小性原则

拓展训练的各种活动项目看起来只是游戏，但都有一定的难度。这个难度不仅体现在体能要求上，还表现在心理素质要求上。有些项目表面看似乎高不可攀，难以逾越，如"高空断桥"，这是以个人挑战为主，属于高空类、高心理冲击的惊险项目，整个过程需要独立完成。因此，需要学生向自己的能力极限发起挑战，跨越极限。在挑战心理、体能最大承受能力并保证冒险系数最小的基础上，最终通过努力，克服心理障碍，战胜自我，完成活动，达到心理训练的目的。

6. 传统与创新相结合原则

拓展训练经过不断的发展，已经形成了一套完整的理论体系和训练模式。体育教学开展拓展训练的课程设计，在内容选择、教学目标、实施组织等方面，要在借鉴传统拓展训练模式的基础上进行创新，结合实际，进一步总结已有的富有实效和生命力的拓展训练内容和形式，同时要根据新形势下对人才素质和学校育人工作的新要求，并与素质教育有机结合起来，以适应学校教育教学改革的新变化，创造新的生长点。

（四）教学模式的基本内容

将拓展训练引入体育课既符合现代课程改革的发展趋势，充实了体育教学的内容和组织形式，集实效性和趣味性于一体，同时又可以丰富和完善我国素质教育教学的课程体系。但是将拓展训练引入体育课并不是一味模仿沿袭传统拓展训练的模式，更不是简单的复制过程。在依据拓展训练特点、组织形式的基础上，结合师资配备、场地设施、财力物力资源等实际情况，内容安排可分为理论课和实践课两个部分，理论课讲授、基本素质训练、综合素质训练三个阶段。

理论课包括拓展训练与体育基本知识以及拓展训练的起源、功能、核心价值和目的意义等知识，与提高拓展训练有关运动科学的知识，与开展拓展训练有关的安全教育、运动损伤保健等知识。

实践课包括基本素质训练和综合素质训练。基本素质训练主要提高学生的心理素质和社会适应能力，激发学生潜能，提高团队领导能力。综合素质训练主要增强学生的团队意识，培养学生的人际交往能力以及提高应变能力和创新意识，培养学生的管理、计划、组织、协调、决策能力。

根据拓展训练项目本身所具有的特点，在理论课讲授阶段，可以选择一些适合个人和便于室内开展的团体项目让学生感受拓展训练的魅力，提高学生拓展训练后期学习的参与积极性，如"破冰类"课程中的"面对面介绍""大树与松鼠"等项目。

在基本素质训练阶段，选择一些沟通类的团体协作项目改善运动技术学习和体能训练的单调氛围，提高学生的兴趣，如团队建设课的"无轨电车"

"信任背摔""电网逃生"，创新能力建设课程的"盲人方阵""排列组合"等项目，建立团队激励课程的"发糖豆"等项目。

在综合素质训练阶段，教师应该以场地拓展训练项目为主，可以结合室内和野外环境，有针对性地设计一些模拟情景的实战项目，如"高空断桥""高空单杠""独木桥""天梯""求生墙"等项目，以便在学校拓展训练基地开展，有条件的学校也可以进行水上项目练习，如"扎筏""抽板过河"等。

通过拓展训练实际项目教学，巩固和提高拓展训练的效果；采用模拟情景的方法，全面锻炼学生身心素质，达到拓展训练的目的。

（五）教学模式的运用方法

要使学校拓展训练的课程模式严谨科学，具有可操作性，使活动取得预期的效果，就应在拓展训练项目开始之前，预先做好准备工作。

教师应先了解参训学生的具体情况，包括学生的身体素质、专业系别等，可以通过召集不同类型的学生开座谈会的方式进行，其后根据学生的具体情况制定有针对性的课程训练计划，安排具体培训项目。在具体的实施过程中，拓展教师在确保安全的情况下，尽量做到：学生害怕什么项目，就让学生做什么项目。让学生去亲自体验拓展训练项目，让他们自己去尝试自认为根本不可能做到的事情，这对学生本身来说是一个前所未有的挑战。它所产生的心理能量是巨大的，效果也是潜移默化的，它有助于学生良好心理素质的培养和自信心的建立与强化。因此，拓展训练只有在此基础上开展和实施，才能达到预期的目的和效果。

拓展训练课程由多个针对不同训练目的的项目组成，这些项目根据不同的训练目标进行整合排列，将不同类型的项目合理穿插进行，在进行科学排列时要尽量做到循序渐进，因材施教，因人而异，因势利导。学校拓展训练的课程模式一般由五个环节组成：体验—感受—分享—总结—应用，这五个环节相互独立又相互联系。

1. 体验

体验学习是学生最基本的一种学习方式。体验学习一般是指个体在亲身经历过程中，通过反复观察、感受、实践、探究，以及对认知、情感、行为和意识的自省体察、心灵感悟，最终认识某些可以言说或者未必能够言说（意会）的事物，掌握知识和技能，发展能力，养成某些行为习惯，形成某些观念、情感、态度乃至心理品格。

体验，是拓展训练进行的第一步。任何一个拓展训练项目的开始都是学生在拓展教师的指导下去亲自经历的模拟场景。学生亲自参与训练过程，去完成一项训练任务，从而获得拓展训练的原始体验。这种原始体验是整个过程的基础，是激发学生自身潜能，发现自我的开始。

2. 感受

感受是人受客观外界事物的影响而产生的一种心理活动。感受这种复杂的心理活动过程，既可以包含特定的情感体验因素，也可以包含一定的认识和理解因素。感受以感觉为基础，感受的结果是以知觉的形式体现出来的。

在拓展训练中，学生通过置身其中得到最真实最直接的感受。这种感受不仅是全方位的，而且是发自内心的，因此很生动，可以使学生印象深刻。在这个过程中，学生将自发地回想获得这种感受的全过程，并在头脑中对这一过程进行加工分析，从而使得这种感受得到强化，开始产生自己的观点。这个环节是极其重要的，它也是学生重新认识自我的过程。

3. 分享

学生亲身经历拓展训练后，一定会有自己的感受和见解，这种感受和见解因人而异。如何将这些不同的感受和见解整合起来，供大家相互交流借鉴，是拓展训练分享回顾环节的重要任务。拓展教师在这一环节要进行适当的引导和鼓励、灵活运用提问等技巧，让学生以开放的态度来面对拓展训练带来的全新感受，以多元视角思考面临挑战时所产生的压力，从而深刻认知自身存在的潜能。同时，每个人都把自己的感受进行即时的分享，就会得到不同于自己的见解和经验，这不仅是学生本人的收获，也是拓展训练的魅力所在。

4. 总结

经过分享回顾，在大家的观点趋于成熟时，拓展教师将根据大家最终讨论的结果进行快速的整合归纳，并结合拓展项目的特点和理论知识进行最后系统的总结，引导学生加强对拓展训练成果的认知，帮助学生将感性认识上升为理性认识，帮助学生完善从亲身体验中获得的成果，实现由发现自我、认识自我到提升自我的最终目标。

5. 应用

拓展训练产生效果并没有随着拓展项目的完成而结束。重要的是将拓展训练中的所感所悟在生活情境中加以运用，达到学习之初的目的。这一过程是在训练之后，由学生在今后的学习、生活和工作中独立完成的。实践是认识的来源和基础，也是认识的目的和动力。学生在拓展训练中获得的认识又对实践具有能动的指导作用。

（六）教学模式的实施步骤

我国开设拓展训练课程，使得拓展训练项目得到更加蓬勃的发展。学校拓展训练课程的开设以场地训练项目为主，这些项目根据不同的训练目标进行科学的排列，将不同类别、不同训练目的的项目穿插使用，在安排项目顺序时做到循序渐进、因势利导、因人使训、因材施教。

一般来说，我国体育教学开展拓展训练的课程可以从以下方面入手：

1. 前期分析

前期分析是对学生群体的身体素质、特征、专业背景与训练目标等进行细致的分析，并以此为依据进行拓展训练课程的具体安排。不同专业、不同环境、不同性格的学生群体有不同的特征。不同性别、不同背景、不同年龄层次的学生在拓展训练过程中也会有不同的表现。因此，课程设计的合理性以及后面的一系列环节能否取得预期效果，和对参训学生进行的前期分析有着密切联系。

首先，通过现场访谈或座谈会的方式了解学生的性别、年龄、兴趣、爱好、组合结构等，必要时了解他们的成长背景。这有利于教师在其后的拓展活动中与学生间的进一步沟通和融合。

其次，了解学生的专业及其专业发展对他们的基本素质的要求，从而进行有针对性的策划和制定拓展训练的目标与实训的项目。

最后，拓展教师要将获得的资料进行细致而专业的分析和整合，根据参训学生的实际情况和要求，制定系统的、有针对性的、科学的训练计划。这是拓展训练能够达到预期的目的，实现对拓展成果优化的前提条件。

2. 课程设置

课程设置是在对参训学生群体的特征与需求进行调查分析的基础上，制定出尽可能满足学生需求与最能达到训练效果的课程。这是整个课程实施中最重要的一个环节。课程设置要以整个团队的学习和个人发展目标为宗旨，课程项目要有针对性和科学性；在学生人数较多时，可以根据需要分成几个小队，此时拓展教师要让所有小队的学生了解此次培训的目的；安排活动项目时要有相同的要求，要设计好项目与场地的轮换顺序；设计课程时必须了解拓展教师对于课程顺序的偏好与调节能力，为了达到好的效果，拓展教师可以留一些备用项目，但整个课程的训练必须有异曲同工之妙，达到殊途同归之目的。

（1）针对需要几个小组同时训练的情况，开始的分组是至关重要的，如何分组也应进行前期沟通，或是在学校班级集合报到前做好准备，建议不要总是让学生自己选择伙伴、组建团队，这会导致他们总是和自己熟悉的人在一起，要充分发挥组织技巧，尽量鼓励整体的融合，而不仅是小团体成员之间的亲密合作。

（2）在设置课程项目时要遵守以下三个原则：

第一，因人而异原则。拓展训练机构要根据训练学生的特点，包括他们的心理特征、社会活动经验、个人能力等，因人而异地编排不同的个人挑战课程和团队协作课程。

第二，个人发展项目与团队建设项目结合原则。拓展训练的培训项目应是对每个人的团队合作意识和个人心理素质及社会应变能力的考验，项目设计中必须考虑这两个方面的内容。

第三，以人为本原则。不同学科专业的学生因知识背景差异，无形中形成彼此各方面素质的差异。拓展训练中的基本项目适合于不同学科的学生，但综合能力训练项目的针对性较强，主要培养心理抗压能力、社会适应能力，以及领导、创新、组织等管理能力。因学科专业不同，有些学生可能会缺乏这方面的锻炼。因此项目设计中应对不同学科专业的学生进行专业环境分析，充分考虑学生专业的互补性与结合性，力求通过拓展训练达到对不同学科专业的学生能力的培养。

（3）在拓展训练过程中，具体内容设置比较理想的顺序是从"破冰类"项目开始，首先介绍拓展训练的背景知识，如拓展训练的起源发展、功能意义与学习目的等，然后安排"破冰类"项目课程，让学生感受体验式学习与传统体育教学方式的不同，如"面对面介绍""国王与天使"等项目，这种能让小组成员尽快熟悉起来的项目是"破冰类"课程的重要内容。有了"破冰类"项目课程作铺垫，之后可以安排一些关于团队建设目标和建立沟通的项目，如"无轨电车""求生墙""信任背摔"等。如果是分组进行，在做完"破冰类"项目后，各组可以开始自己的项目，各项循环进行。因此，项目的设置还要充分考虑各组完成任务与回顾的时间，拓展教师要有明确的要求，以确保交换项目的时机是在换项队伍之间都完成任务的情况下进行的。

（4）项目设计要集娱乐性、趣味性和实效性于一体，这能帮助拓展教师更好地组织协调与实施项目训练，也有利于建设和谐、活跃的团队氛围。但是在整个训练过程中，甚至在拓展训练活动结束后，如何让学生把在拓展训练活动中所获得的体验与实际学习和生活结合起来，是至关重要的。因此，在课程设计之初就必须注重拓展训练的实效性与趣味性、娱乐性之间的结合。

3. 场景布置

场景布置合理与否直接影响着拓展训练的进度和效果。拓展训练中的场景布置就是根据训练项目的内容特点，合理利用活动空间和环境，准确、合理、科学地布置所需器材，使其具有项目所要表达的真实性。

布置课程所需设施和场地必须提前完成。拓展训练课程经常需要一些特殊的模拟道具，通过模拟的情境，使其获得更加真实的体验和感受。此时要特别注意道具的使用时间、使用时机，它会对圆满完成任务起着画龙点睛的作用。

4. 挑战体验

挑战体验是让学生接受挑战，完成项目要求的任务，体验项目中预先设计的理念，并自然地从中得到感悟，领略拓展训练的魅力，达到体验学习的目的。

拓展训练项目并不都是一些令人生畏的项目，绝大多数项目是在学生能力范围之内。但是有些看似简单其实则不然，需要学生付出努力才能完成。就像"跳起来摘桃吃"那样，不是触手可及就能摘到"桃子"，这样的"桃子"也没有滋味。只有通过自身的一番努力而获得的"桃子"，吃起来才更有滋有味，感觉甜美。对于学生来讲，最初的判断也许和项目本身潜在的难度系数有关，拓展教师可以做一些简略的提示，以使他们正确地面对所要接受的挑战。

　　（1）项目的难度与项目本身的设计有关

　　总的说来，高风险的空中项目比低风险的场地项目难度系数高，野外项目比室内项目完成难度大一些，道具增多难度也就会相应增加。一般来讲，高难度的空中项目往往更能够提高学生心理素质，挖掘学生潜力；低难度的场地项目则往往更能够培养学生团队意识，提高学生创新能力和社会应变能力，增强分析问题、解决问题的能力以及管理和沟通的能力。

　　（2）学生体验的过程开始于拓展教师的场景布置

　　拓展教师布置课程的过程往往与学生体验的结果有很大关系。在挑战体验的过程中，学生尽量不要求助于拓展教师，更不要轻易对项目规则质疑，除非有特殊的要求。一般来说拓展教师会尽量提供给学生们一个充分展示自我并自由发挥的空间。拓展教师只是在适当的时机予以恰当的提示、引导和鼓励，让学生独立完成任务，这样也有利于下一环节的进行。

　　（3）参与挑战体验的过程是学生认识自我、提升自我的实践过程

　　拓展训练的过程受多种因素的影响，具有不确定性，因此，学生的体验效果也不尽相同。拓展教师可以在每次活动时尽量安排个别学生做安全员。安全员除了保护队友的安全外，也可以帮助拓展教师记录活动的进度和关键时刻的即时感受、重要的决策及重大失误发生的时间、团队建设和个人发展项目中出现的主要问题等，以便在分享回顾和引导总结时使用。

　　（4）体验过程的连贯程度直接影响着拓展训练的效果

　　拓展训练项目具有特殊性，一般不能在活动过程中轻易停下来，条件允许的前提下尽可能一次性完成，必须中止时一定要选择恰当的时机。

5. 分享回顾

分享回顾是拓展训练的重要环节。学生在挑战体验后，按一定的方式将自己在完成既定目标时的感受、完成任务后的真实体验真诚地表达出来，并结合拓展教师的记录与大家分享成败得失，求同存异，达成一致，相互鼓励，共同进步。

（1）分享回顾的方式

分享回顾一般采用轮流发言和随机发言相结合的方式。每一个拓展训练项目结束后，拓展教师尽量让每个学生都有机会发言，特别是最初完成的几个项目，要保证每个人都有发表自己看法的机会。

（2）分享回顾的原则

第一，及时性和实效性原则。从学生实际出发，遵循学生身心发展规律，依据拓展训练的特点，在学生做完拓展训练项目后即刻进行有效的回顾，使学生获得的高峰体验能在第一时间与大家相互交流借鉴。

第二，求同存异和相互协调原则。由于个体差异，每个参训学生获得的体验也不尽相同，都可以表达自己真实的感受。当出现不同见解时，拓展教师要进行适时引导，相互协调，一般不鼓励学生之间针锋相对。

第三，注重实践原则。分享回顾的最后环节一般都会涉及与现实的联系，即理论联系实际，参与拓展训练的目的之一是为了给以后的学习、生活和工作提供帮助。因此，将拓展训练效果与实际生活联系起来，是每一位参训学生都应该掌握的。拓展教师有责任将分享回顾的重点放到联系实际生活的主题上来，以使拓展训练的目的更加明确有效。

6. 引导总结

引导总结是对拓展训练活动中出现的重大决策、问题以及学生的体验感受进行引导，并运用拓展训练的理念进行合理的总结，使其系统化、科学化。拓展教师是这个环节的"主角"，也可以由拓展教师指定某个学生进行讲解，拓展教师进行必要的补充。

在引导总结过程中，拓展教师可以从这些方面进行指导：①指导学生从实际角度出发；②指导学生进行认真分析和讨论；③让学生在分析综合的基础上形成结论；④指导学生总结自身真实的独特感受；⑤指导学生发现自我、认识自我、提升自我。

引导总结环节往往不需要拓展教师过于复杂的讲解，重要的是引导学生个性化表达活动中的收获与体验。引导总结的方法和内容要谈得宽、谈得广。引导总结是对学生再创造的过程，并使拓展主题得以向前延伸，随时观察学生动态，发现学生问题，及时进行指导和调整。拓展教师要适时、适度、适法地给学生以点拨，对学生做一些激励性的评价。

（七）教学模式的评价体系

我国体育教学实施拓展训练的教学评价要根据拓展训练的教学目的和教学原则，利用所有可行的评价方法及评价体系对拓展训练教学过程及预期效果给予价值上的判断，以提供改进拓展训练教学的模式。这种评价不仅关注学生的成绩，更重要的是挖掘学生多方面的潜能，提高学生的心理健康水平和社会适应能力。同时，了解学生发展过程中的需求，帮助学生提升自我、建立自信心，发挥评价的教育功能，促进学生在更大空间上的发展。从评价的角度来说，拓展训练课程更加重视对心理方面的评价。评价是整个拓展训练课程教学体系中极为重要的一个环节，是实现教学目标的重要保障，也是提高教学质量，深化教育教学改革的有效手段。笔者在此仅对我国体育教学实施拓展训练课程的学习评价提出参考性建议。

1. 突出学习评价的整体性和综合性

根据拓展训练的特点和素质教育的要求，在制定学习评价的内容时，应紧密围绕学生的社会实践能力和身心发展的特点来设置相应的评价内容。评价内容不应仅局限于拓展训练的基础理论知识和实际操作知识，还应包括学生的学习态度、智力因素、社会应变能力、创新能力、心理素质等几个方面。从实践出发，以多元化的视角来评价学生的综合素质，全面地反映学生的认知状况和身心发展的情况。同时，鉴于学生之间身心的先天差异性和不同专业学生的实际情况，在进行学习评价时，还应做到因人而异，注重从每个学生的实际情况出发，在整体性和综合性的基础上来制定相应的评价标准。

2. 多种评价方式相结合

拓展训练是通过体验活动来达到心理健康和社会适应的主要目标，这是一个动态的发展过程。由于学生本身的个体差异和每种评价方式的局限性，在选择评价方式时，建议以形成性评价为主、终结性评价为辅，学生互评和教师评价相结合，等级评定与评语相结合等方法来对学生的综合情况进行评估。采用这样的多样化评价方式，有利于形成评价方式的"优势互补"，特别是让学生共同参与评价的方式可以充分发挥学生的主体性，激发学生学习的兴趣和积极性，加深学生对拓展训练内容的理解与把握。

3. 开展特色评价，重视学生的个性，促进全面发展

（1）以激励性为主

评价在拓展训练课程实施中发挥着重要的激励导向和质量监督作用。以激励性为主的评价，可以巩固学生正确的意识、态度，也可以改变学生的行为并起到导向作用。需要注意的是把握正确的激励时机，当学生在学习中表现出良好行为或取得一定进步后应尽可能早一些、快一点恰当地给予口头或精神上的激励，采用优胜激励法、语言激励法、情感激励法等方法不断激励学生的良好行为，充分给学生提供机会和创新空间，满足各类学生渴望被鼓励的需要，提高教育的实效性，真正促进学生的个性全面发展。

（2）重视对学生的随机评价

随机评价方法是在拓展训练教学过程中，对学生的表现及时做出评判的一种最方便、最能立竿见影的评价方法，也是拓展训练采用最多、最直接的评价方法。随机评价以口头评价的形式为主，这种评价从关注参训学生的个性发展和团队建设出发，对学生在学习过程中的良好表现给予肯定，对不足提出善意的指导，使学生发现自我，重新认识自己，建立自信心。随机评价的适时使用，会给学生留下深刻的印象，会激励学生在今后的学习生活中不断地追求卓越。拓展训练课程项目设计难易不同，当学生通过自己的努力完成难度系数较大的项目时，拓展教师及时有效地鼓励，如"好样的""你是最棒的""干得不错，再努力"等带有鼓励性的评价，对学生自信地完成任务会起到画龙点睛的作用。

第四节　体育教学中开展拓展训练的路径探索

一、加强拓展训练的宣传教育工作

（一）设立拓展训练中心，提供宣传平台

拓展训练不仅是对体育教学内容、组织形式的有力补充，而且是素质教育开展的新形式。领导要从思想上予以重视，从人力、物力、财力方面给予支持，设立拓展训练中心，为学生了解、参与拓展训练提供交流的平台。

（二）开展拓展项目竞赛，提高学生积极性

各种体育竞赛不仅可以丰富校园体育文化、增加体育课程内容，还可以促进学生对体育项目的了解与参与。借鉴体育竞赛的开展模式，举办一些拓展项目挑战赛（如拓展训练运动会）、拓展训练知识竞赛，通过校园网、广播、多媒体、校报、报栏等方式进行报道宣传，促进拓展项目在校园的开展，增进交流与友谊，增强拓展训练在校园的影响力，这是加强拓展训练宣传教育的有效途径。

（三）将拓展训练的理念和方法融入体育教学中

虽然拓展训练课程不是单纯的体育课教学，但体育课教学可以根据拓展训练的目的与要求，将一些拓展训练项目与体育课内容相通的地方以及在体育课上便于开展的拓展课程形式进行推广。在课堂中，教师也可以向学生传授一些有关拓展训练的理论知识，如拓展训练的起源、发展、功能等，既丰富学生的知识，又宣传拓展训练，可谓一举两得。

（四）整合资源，加大对拓展训练的投入

针对硬件设施不同的情况，拓展训练有关部门要努力协调，积极搭建平

台，让学生互动，可以建立拓展训练教研室或拓展训练俱乐部，不仅负责拓展训练的管理组织工作，更主要的是以其作为学生了解、咨询和参与拓展训练的中介机构来负责拓展训练的宣传教育工作。

二、强化拓展训练的安全教育意识

拓展训练受场地、器械因素影响，内容和组织形式多样，设置了心理挑战环节，这些决定了体育教学开展拓展训练具有一定的风险性。但并不可怕，因为这种风险是可以提前认识并可人为控制的，只要采取正确、合理的安全防范措施，就可以安全、有序地进行拓展训练。

（一）拓展训练的安全教育方针

安全性对我国开展拓展训练来说不仅意味着完善的教育教学体系和严格的管理制度，而且是参训群体思想意识必须具备的一部分。拓展教师和参训学生必须紧绷安全之弦，把安全性放在拓展训练的首要位置，没有安全性就没有拓展训练的效果。

拓展教师在实际操作过程中必须严格按照安全程序和指标进行指导、监控，才能保障体育教学开展拓展训练中实施"100%的安全保障"这一安全指导方针。

（二）拓展训练的安全操作原则

1. 备份原则

任何需要安全防护的地方及器械都要有备份，确保万无一失；遇到主锁、安全带等问题要及时更换，做到及早发现问题及早解决，降低安全事故的发生概率。

2. 复查原则

所有的安全保护在准备完成后都要复查一遍，消除操作失误的可能性；安全器械的检查由专人负责，降低交叉管理的可能性，防止由于器械经人手过多问题，出现后却没有人上报，造成责任不清的局面。

3. 监护原则

培训师对项目过程可能遇到的安全问题进行全程监护，将所有隐患消除在萌芽中。

4. 完善的行动原则

双重保护——任何需要安全防护的地方及器械都设双重保护，以确保安全。

二次复查——所有安全保护在准备完成后都由第二个人复查，消除操作失误的可能性。

全程监护——培训师对项目过程中可能遇到的安全问题进行全程监护，杜绝所有隐患。

队医随行——具有执业资格的随队医生跟队训练，随时关注队员的身体状况。

5. 及时处理原则

在拓展训练实施过程中，难免会发生一些意想不到的危险事件和突发事件，当出现突发事件时，教师要镇定自如，沉着冷静，不得盲目慌张，要及时恰当地处理好突发事件，并现场分析造成突发事件的原因，从而教育和引导学生以正确的方法进行拓展练习。

三、以拓展训练促进素质教育的实施

素质教育是依据人的发展和社会发展的需要，通过各种教育手段和方式，全面提高人的各方面素养的教育，它具有全体性、全面性、发展性和主体性的特征。素质教育重视学生在学习过程中的主体地位，强调学生的"学"，淡化教师的"教"。

拓展训练是以团队和个人为单位，通过完成一系列既定任务而达到认识自我、提升自我、熔炼团队的目的。拓展训练通过系统科学的体验活动把素质教学的理念和要求融入其中，不仅促进学生的整体素质提高和全面发展，而且还可以使学生充分认识集体的作用，增进学生团队合作意识与集体荣誉感。通过拓展训练，学生认识自身潜能，增强自信心，提高心理健康水平；克服心理惰性，磨炼克服困难的毅力；启发创造性思维，提高分析问题、解决问题的能力；增强团队精神和能力、沟通技巧；改善人际关系，提高沟通能力和社会适应能力，达到双赢双利的目的。可以说，拓展训练以其特有的"先行后知"的教育方式、灵活多变的教学内容，将在推进素质教育、培养高素质的复合型人才等方面产生积极的影响。

四、建立良好的拓展训练课程新型师生关系

（一）拓展训练课程中的学生

学生在整个拓展训练教学过程中是一个参与者，应主动地、积极地投入拓展训练活动中，根据自身素质、知识背景、健康水平去选择合适的团队位置进行拓展项目活动；学生在拓展训练教学过程中是一个求知者，拓展训练的目标是在培养学生身心健康的同时，充分发挥学生的个性和特长，使学生通过亲身经历和体验，在探索中追求真正的学习，从而获得最大的收获。拓展训练集娱乐性、趣味性和实效性于一体，因此，学生在拓展训练教学过程中的学习行为应该是主动的、积极的，拓展训练效果主要取决于学生在团队项目和个人发展项目中的自我定位、自我认识，而不是取决于拓展教师所付出劳动的多少。

（二）拓展训练课程中的教师

拓展教师在整个拓展训练教学过程为学生和知识、技能之间架起一座桥梁。在项目训练过程中，拓展教师一般不参与具体知识和方法的传授，而是站在更高的层次，全盘谋略，实时监控。作为一种体验式学习方式，拓展训练强调学生"做中学"，淡化教师的"教"，教师的职能发生了转变。拓展教师要明确角色定位和心态定位，在充分尊重学生主体地位的基础上发挥主导作用。

（三）建立师生新型的民主合作关系

拓展训练是一种体验式教学，学生在活动中处于主体地位，在教师的引导、帮助、监督情况下积极主动地进行探索，通过身体力行的"做"，收获感

受，从"做"中学，从"做"中思。教师改变命令式的口气，用亲切、自然的口气来指导课程，与学生建立和谐的民主合作关系。拓展训练的挑战就在于教师能够使学生运用自己的头脑去学习去感悟，形成自己的结论，并且最终运用到现实环境中去。可以此作为实现拓展训练的达成目标："训练改变态度，态度改变行为，行为改变命运"。

五、大力开发与利用拓展训练课程资源

（一）拓展训练课程人力资源的开发与利用

师资力量为拓展训练课程的实施提供了人力资源保障。那些拥有合理结构的师资队伍，他们的综合素质普遍较高，同时，他们来自不同的学科专业，有着不同的知识背景与丰富的理论知识和教学经验，对教育学、管理学、心理学等方面的知识也有一定的了解，只要进行系统的正规培训，完全有能力胜任拓展训练的教学工作。而且他们还能依据学生的日益增长的需求和高等教育水平的不断提高，主动为自己"充电"，提高自身综合素质，以适应社会变革发展对未来教师素质的要求。这一优势为拓展训练课程的师资开发与利用提供了人力条件。

（二）拓展训练课程物力资源的开发与利用

场地、器材、设施是拓展训练课程顺利实施的重要物资保障。拓展训练项目所需场地比较简单，训练方式多变，一个篮球场的空间也可以进行训练。有些项目遇到恶劣天气也可以在室内（体育馆）进行，有些项目所需器材完全可以自制，不需要购买专业训练器材，有些项目基本上不用器材。

（三）拓展训练课程财力资源的开发与利用

资金往往是我国开展拓展训练所遇到的最麻烦、最普遍的问题。为此，有关领导、机构不仅要从思想上予以重视，把拓展训练纳入学校发展规划中，而且要把开展拓展训练所需要的经费纳入学校财政预算中。实施

拓展训练，学校可以本着"多有多投资，少有少投资"的原则来挑选训练项目，有财力条件的学校可以建立自己的拓展训练基地，或者同一城市的几所学校联合起来建立共用的训练基地；条件一般的学校可以选择与社会拓展训练机构联合办学的方式进行，通过定期或不定期地租用专业拓展训练基地开展课程教学，或多渠道寻求合作，引进资金、实现双赢、共同进步。

参考文献

[1] 曾玉山，陈曙. 体育教学评价实施困境及其消解路向研究 [J]. 教学与管理（理论版），2022（5）：106-108.

[2] 常先厚，肖玉新. 体育教学本体论 [J]. 体育与科学，2006，27（2）：90-92.

[3] 陈雷，冯晓红，曹剑锋. 高校体育运动爆发力训练方法探析 [J]. 当代体育科技，2017，7（18）：56+58.

[4] 陈卫. 翻转课堂教学评价指标体系的构建 [J]. 阜阳职业技术学院学报，2022，33（02）：41-43.

[5] 董江丽，周群，何志巍，等. 运用"翻转课堂"教学法推动教与学系统性改革 [J]. 中国高等教育，2022（09）：56-58.

[6] 冯伦. 新时代高校体育教学方法创新研究 [J]. 冰雪体育创新研究，2022（13）：105-108.

[7] 高菲菲，李士建. 体育教学方法分类体系的分析与思考 [J]. 榆林学院学报，2006，16（6）：57.

[8] 高振峰. 拓展训练在体育教学中的应用探究 [J]. 科技资讯，2020，18（24）：120.

[9] 郭礼，姚小毅，黄军. 试论体育教学系统 [J]. 西南师范大学学报（自然科学版），2010，35（2）：194-197.

[10] 赖晓珍. 提升高校体育运动训练有效性的对策研究 [J]. 产业与科技论坛，2022，21（05）：275-276.

[11] 雷涛，黄懿. 从量化角度谈体育教学目标改革 [J]. 体育师友，2015（3）：37-37，38.

［12］李成倩. 浅谈足球运动的体能训练［J］. 当代体育科技，2020，10（34）：51-53.

［13］刘俊凯. 论体育教学目标分类［J］. 体育学刊，2013（5）：79-82.

［14］刘新光. 系统理论与体育教学［J］. 武汉体育学院学报，2002，36（6）：94-95.

［15］龙雨妃，陈宏扬. 关于高校慕课平台发展的现状与解决对策［J］. 湖北开放职业学院学报，2022，35（07）：165-166+169.

［16］卢青，张建萍. 体育教学方法与内容的关系研究［J］. 中国成人教育，2015（5）：148.

［17］陆晶晶，张鹏飞. 对体育教学原则的研究［J］. 文体用品与科技，2013（8）：79.

［18］陆湘群. 论体育教学的智慧之维［J］. 南京体育学院学报（社会科学版），2010，24（2）：118-120，124.

［19］马骉. 有关高校体育训练中提高耐力素质的研究［J］. 品位经典，2020（12）：158-159.

［20］马玉明. 高校体育教学中实施拓展训练的探讨［J］. 佳木斯职业学院学报，2021，37（09）：141.

［21］尚力沛. 赋权运动模式在体育教学中应用的实证研究［J］. 南京师大学报（自然科学版），2022，45（1）：142-148.

［22］邵国华. 体育运动心理学课程教学手段与实践教学能力探析［J］. 内蒙古师范大学学报（教育科学版），2013，26（11）：157-159.

［23］邵伟德，刘忠武，李启迪. 体育教学目标论［J］. 北京体育大学学报，2012，35（9）：96-101.

［24］沈文丽. 高校学生体育运动训练效果的影响因素与对策研究［J］. 河南教育学院学报（自然科学版），2022，31（01）：76-78.

［25］孙景召. 高等学校体育改革的实践探索与现实困境［J］. 中国学校卫生，2017，38（12）：1767-1768，1772.

[26] 王宏磊. 拓展训练在大连市体育中的推广路径研究 [D]. 大连：辽宁师范大学，2019：9-11.

[27] 晏骏，毕进杰. 从达成到升华：体育教学的再审视 [J]. 山东体育科技，2021，43（5）：58-62.

[28] 原丽英，杨伟. 论体育教学过程 [J]. 西安体育学院学报，2001，18（2）：87-88.

[29] 张大伟. 浅析篮球运动教学能力的培养 [J]. 品牌，2015（1）：282.

[30] 张洪潭. 从体育本质看体育教学 [J]. 体育与科学，2008，29（2）：81-86.

[31] 张金国. 在高校体育教学中开设拓展训练课程的研究 [J]. 武汉体育学院学报，2006，40（10）：100-103.

[32] 张长思，丁天翠，杨多多，等. "体育走班制"教学教师专项化教学能力提升研究 [J]. 体育学刊，2022，29（3）：119-125.